昭和天皇と感動の台湾

写真で読む「東宮行啓」日本版

三荻祥　郭双富　王佐榮 編著　江崎道朗 監修

産經新聞出版

はじめに――三荻祥

令和7（2025）年は、昭和天皇のご即位から100年目を迎える。年明け早々、各局テレビ番組でも、「昭和100年」と冠して、様々な企画を行っていた。やはり多くの大人にとっては、昭和は懐かしく、思い出深いものなのだろう。

しかし、今からおよそ100年前の1923（大正12）年、裕仁《ひろひと》皇太子殿下（のちの昭和天皇）が台湾を訪れ、大歓迎をされていたことをご存じだろうか。

その時の様子を写した写真は、2019年に台湾で写真集として出版された。

それが『東宮行啓』だ。「東宮《とうぐう》」とは皇太子のことだ。「行啓《ぎょうけい》」とは皇后、皇太子、皇太子妃の外出を指す（天皇の外出を「行幸《ぎょうこう》」、天皇、皇后、皇太子、皇太子妃以外の皇族の外出を「お成《な》り」と呼ぶ）。

2万5千名の提灯奉迎《ほうげい》

裕仁皇太子殿下は、大正12（1923）年4月、日本統治下の台湾をご訪問された。そして地元の皆さんから大歓迎を受けたのである。

その時の光景を写した写真集『東宮行啓　1923年裕仁皇太子訪臺記念寫真帖』は、昭和天皇がお亡くなりになって30年の節目に合わせて台湾で出版された。

写真集『東宮行啓』の存在を知ったのは令和4（2022）年秋のこと。台湾に何度も訪れている知人から、東京都内の喫茶店で見せてもらった。「台湾大学前の本屋で売っていたのを偶然見かけた」と言う。

皇太子殿下、つまりのちの昭和天皇が台湾をご訪問されていた？　そんなことは全然知らなかった。表紙には「1923年」と書いている。そんな昔の台湾がどんな風だったのか。台湾で何をされたのだろうか。次々と興味が湧いてくる。

デザートの生クリームが写真集に付かないよう気を付けながら、そっとページを開いた。

最初に目に飛び込んできた若い男性の写真は、一見誰だか判らなかった。

そう。皇太子時代の昭和天皇の写真だ。昭和の終わりごろに生まれた私は、昭和天皇についての直接の記憶はない。昭和天皇と聞くと、白髪に白い髭をたくわえられた晩年のお姿を写したお写真のイメージしかない。

だから最初にこのお写真を見ても、すぐに若き日の昭和天皇だとは判らなかった。

21歳の殿下の若く凛々しいお顔写真は、とても新鮮だった。

パラパラとページをめくっていくと、今度は一枚の写真に目が留まった。青年たちが日の丸の小旗と提灯を持ち、整列している写真だ。素朴な一枚で、派手さはない。皆身なりを整え、緊張感を漂わせつつも、どこか誇らしげな、そういう一枚だった。

写真には「台北市民提灯奉迎大遊行」の見出しがつけられている。漢字から察するに、小さな提灯を手にして歓迎する提灯奉迎の際の写真だろう。皇室の方々を歓迎することを「奉迎」という。

しかし、私は台湾の言葉が読めない。

そんな私のお助けツールがある、「グーグルレンズ」（ＩＴ大手グーグル社が提供する無料の画像認識サービス）だ。早速翻訳機能を使って、そこに書かれている解説を読んだ。詳しくは割愛するが、裕仁皇太子殿下が台湾にご到着された日の夜に台北市内で大々的な提灯奉迎が行われたらしい。

驚いたのは、参加者数が２万４７５２名にも上ったということ。私も国内で７０００人規模の提灯奉迎のスタッフをやったことはある。参加の呼びかけやらろうそくが入った提灯の配布やら当日の誘導やら、とにかく大変だった記憶がある。

それが２万４７５２名ともなると、運営の大変さはその比ではなかったかもしれない。

解説文には、全員で一斉に万歳三唱した、とも書いてあった。歓迎の気持ちを表すべく「万歳、万歳、万歳」と三回繰り返すことを万歳三唱という。台北の夜に響き渡る２万５千人の万歳三唱。それはそれは圧巻だっただろう。

台湾の人々は、若き皇太子を熱烈に歓迎していたのだ。

すっかり冷えたコーヒーを飲みながら、さらにページをめくる。

日本家屋風の家が立ち並ぶまっすぐな通りの両側に、日の丸の旗と提灯が、ずらりと並んでいる写真に目が留まった。整然とした通りに、等間隔に並べられた旗と提灯は、写真の奥の方までずっと続いている。

なんとも美しい風景だった。

ここは今、どうなっているのだろう？

見に行ってみたい！

そう直感的に思い立ったのが、行啓地《ぎょうけい》、つまり皇太子殿下のご訪問場所巡りの始まりだった。

実は、その写真が撮られた1923年という年がちょうど100年前のことだと気付いたのは、しばらく経ってからだった。

年寄りじみていると思われるかもしれないが、私は日常的に元号を使うことが多い。だから西暦を聞いてもあまりピンと来ない。

年末のある日、知人から受け取った案内に「乃木神社御鎮座百年」とあり、その中に「大正12（1923）年」と書かれていた。それを見て、裕仁皇太子殿下の台湾ご訪問がちょうど100年前のことであることにようやく気づいたのだ。

100年の節目！

なんともグッドタイミングで、『東宮行啓』を入手したものだ。

ならばそのチャンスを逃すわけにはいかない。

皇太子殿下の行啓時とほぼ同じ時期に台湾に行き、ご訪問された場所を巡りたい。

こうして私は行啓地を巡るための台湾行きを企画した。

「グーグルマップ」で写真の場所を特定

とはいえ、写真に撮られている場所が判らない。

そこで『東宮行啓』に収録された写真の場所の特定作業にとりかかった。

写真にはそれぞれキャプションがつけられており、当時の地名と、現在の大まかな場所が記されていた。それを便利な「グーグルレンズ」を使って翻訳する。

例えば、街中を馬車で進まれている写真には、

「写真は行啓隊がまさに『西尾商店』前を通過する時のもの（現在の重慶南路、衡陽路口）」と書かれている。

「グーグルマップ」（グーグル社が提供する無料の地図サービス）を開き、「重慶南路、衡陽路口」のあたりを見てみる。しかし「西尾商店」はない。

インターネットで「台北　西尾商店」と検索。すると、西尾商店はもう存在しないことが判った。

１００年も前の写真だから、ここまでは想定の範囲内。

しかしもしかしたら当時の建物は残っているかもしれない。それを探してみよう。

今はインターネットがものすごく発達している。家にいながら、地図上の街中の様子を見ることができるのだ。

そんな便利ツールこそ、「グーグルマップ」の「ストリートビュー」機能だ。

早速、キャプションにある「重慶南路、衡陽路口」を検索。ストリートビューで現地の様子を見る。画像を前後させたり、左右にぐるぐる回したりすると、この写真に写るのと同じ建物を発見できた。

多少の改修が加えられているようだが、窓枠の形や入口のタイルの形など、当時のままで残されているようだ。この建物に間違いないだろう。

このように『東宮行啓』に収録されている写真の場所を、一つ一つ特定していった。地味で根気のいる作業なのだが、こういう作業が意外にも楽しい。

昼間は仕事や子育てに追われるので、こういう地味な作業は夜中に行う。あたりめを咥《くわ》えながら、ひたすらパソコンに向かう。集中しすぎて、気付いたら外が白み始めていた……なんてことも。

難航することもあるが、発見した時は嬉しいものだ。そんなことを繰り返しながら、だいたいの地図は出来上がった。

令和４年３月下旬、１００年前の行啓地を巡る旅はいよいよスタートした！

なお、実際に廻った場所のレポートについては、第３章で紹介する。

「昭和37年生まれですよ」

私は運が良い。

普通、著者に会いたいと思っても、そう簡単に会えるものではない。

それが外国人ならなおさらだ。

しかし私は『東宮行啓』を編纂された郭双富《かくそうふ》氏、王佐榮《おうさえい》氏と出会えたのだ。

郭双富氏には、出版社を通してアポを取った。知人が訪台した折に、友人の陳さんから出版社に、電話をかけてもらった。

「『東宮行啓』のことで郭先生にお会いしたいという日本人がいるが、連絡をとることはできるか」

すると時を置かずして郭氏から陳さんに電話連絡があった。その場でアポを取り、令和４（２０２２）

年4月1日、台中の霧峰に住む郭氏の事務所を訪問することになった。

ところがその日は、台湾の清明節（日本でいうお盆休み）の初日。台北に到着したものの、台湾高鐵（台湾高速鉄道。台湾の新幹線）の予約が取れず、台中行きが怪しくなってきた。他の手段を探そうにも、現地の交通事情が分からない。

「車で送ってあげようか」

こんな神様のような救いの手を差し伸べてくれたのは、前述の陳さんだった。いつも仏のように優しい陳さんなのだが、その時ばかりは、神様かと思った。

台北から台中・霧峰までの距離は、およそ東京から静岡に相当する。

陳さんは、大きな台湾おにぎり・飯糰《ファントァン》と豆乳を買って、朝7時にホテルまで迎えに来てくれた。飯糰を食べ終えたころ、高速道路が混み始めた。それからは予想以上の大渋滞。「10時過ぎには着くよ」と言っていた陳さんの表情も曇り始める。

私がその日の夜の飛行機で帰国するため、13時半ごろの高鐵で台中を出なければならないスケジュールだった。なのに車は全然進まない。

何度か、取材を諦めて引き返そうと車内で相談していた。そのたびに陳さんは郭氏に電話し、「今どこどこの辺りだ」と連絡を取ってくれた。すると郭氏は「待ってるから大丈夫、気を付けておいで」と答えてくれた（のだと思う）。

その後、何とか車が動き始め、12時に郭氏の事務所に到着できた。そこから1時間取材して、13時には霧峰を出発するというスケジュールとなった。

事務所で出迎えてくれたのは、ポロシャツに短パン姿の郭氏と奥様。ニコニコと笑顔で出迎えてくれた。

事務所に一歩足を踏み入れると、壁には美術品がずらりと飾られていた。本棚には数多くの史料。本棚に入り切らない写真などは、そのまま床から積み上げられていた。

テーブルに着くと、台湾で一番美味しいという阿里山《ありさん》（台湾の嘉義県にある山岳地帯）のお茶を奥様が淹れてくれた。良い香りに包まれながら、陳さんの通訳で郭氏への取材を行った。

郭氏は、幼いころから写真に興味を持っていたという。日本統治時代などの古い写真の収集を始めたのは30年近く前からだ。その費用は総額で約1000万台湾ドル（現在のレートで約5000万円）にも上るという。後ろで奥様が苦笑いしていたのは印象深い。

もう一人の編纂者である王佐榮氏は、木馬廣告の代表取締役。チャンネル登録者数8万1千人を超える「佐榮寫真館」というユーチューブチャンネルを開設している。さらには台湾のテレビ番組にもレギュラー出演している方だ。

会って話を聞きたいとは思ったが、相手は有名人だ。果たして私たちのような一視聴者のアポを受けてくれるだろうか。最初は連絡を取るのを遠慮していた。

しかし王氏の動画は面白い。私たちのイメージをひっくり返すような史料を次々と紹介している。会えるかどうかは分らないが、とにかく一度連絡してみようと思い、フェイスブックで王氏のアカウントを探した。メッセージを送信する段になって、王氏は日本語ができるのか？　と心配になった。

そこで翻訳サイトで台湾語のメッセージを作成した。最近は翻訳サイトの精度も上がっているようで、的外れな文章にはなっていないようだ。

次回、台湾に行く際に、ぜひともお目にかかりたい旨を記載し、送信。送信してから約2時間後、面会承諾の返信が送られてきた。

王氏のメッセージは流暢《りゅうちょう》な日本語だった。途中からは私も日本語でメッセージを送るようになった。そうして8月末、再び台湾を訪問して王氏との面会も叶ったのである。

王氏は、ずいぶんと古い史料を扱っている割には、見た目がとても若い。

面会早々に、「先生、おいくつでしょうか?」と伺った。

すると「昭和37年生まれですよ」と。

「先生、元号をお使いになるのですか?」とさらに聞く。

「だって元号の方がわかりやすいでしょう」とニヤリ。

このやり取りで、私が王氏に尊敬と信頼を寄せたのは言うまでもない。

こうして私はお二人と会って話を聞くことができたのだ。

繰り返すが、私は本当に運が良いと思う。

ちなみに、『東宮行啓』に収録されている写真は、郭氏が収集し、大切に保管していたものだ。保存状態のよいものもあれば、色褪せたりしているものもある。100年も経っていれば当然だ。

それらを〝最新の技術〟で修正し、より見やすく修復したのは王氏だ。

お二人のまごころと情熱の上に、『東宮行啓』が出版されたことは、ぜひとも心に留めていただきたい(郭双富氏、王佐榮氏へのインタビューについては、第2章をご参照いただきたい)。

東宮台湾行啓に至る経緯

ここで裕仁皇太子殿下の台湾行啓に至る経緯について紹介しておきたい。

今日、皇室にとっても重要なお務めの一つとなっているのが外国とのご親善だ。天皇皇后両陛下をはじめ、皇族の方々が、海外で行われる主要な行事にご出席されている様子をニュースなどでご覧になったことがある方もいらっしゃるだろう。

その皇室の海外ご訪問の幕開けとなったのは、大正10（1921）年の裕仁皇太子殿下の欧州ご訪問だ。それまで皇族の海外ご訪問の前例はなく、欧州ご訪問に反対する声は少なくなかった。台湾へのご訪問は、皇室による海外ご訪問の2例目となった（正確に言えば、当時の台湾は日本領だったので、〝海外〟とは言えないが……）。

台湾統治の責任者を台湾総督《たいわんそうとく》という。第5代台湾総督の佐久間左馬太《さくまさまた》の時代、当時の皇太子・嘉仁《よしひと》親王殿下（のちの大正天皇）に台湾にお越しいただきたい、との強い要望が日本政府に届けられた。

佐久間総督は、明治39（1906）年に台湾に赴任した。2年後に、台湾を縦断する鉄道が全線開通すると、その思いは益々強くなった。桃園に、殿下をお迎えするための貴賓館を建てた。まだ殿下のご訪問は決まっていないのにも拘わらず、だ。

よっぽど殿下にお越しいただきたかったようだ。

それ以降、皇太子殿下の台湾ご訪問を、熱心に要請し続けた。こんな大きなプロジェクトを実現させるためには、何度却下されても屈しない情熱は必要だ。佐久間総督はしきりに要請した。

そうして佐久間総督の熱烈な要請はついに受け入れられた。台湾統治が始まって17年が経った、明治45（1912）年のこと。

いよいよ皇太子殿下をお迎えできる。

本格的な準備を始めた矢先の7月30日、明治天皇がお亡くなりになった。それにより嘉仁皇太子殿下の台湾へのご訪問は中止となった。

佐久間総督のショックは想像に難くない。

大正時代に入ってからも総督府からの働きかけは熱心に続けられた。

台湾をご訪問された皇族らからのご報告やご助言も効果的だったようだ。

台湾統治から28年を経た大正12（1923）年1月、裕仁皇太子殿下が4月に台湾を訪れることがついに決定したのだ。

台湾の人々は大喜びし、急いでお迎えの準備にあたった。

ところがまたもやご訪問は延期となる。

4月1日、大正天皇の叔父にあたる北白川宮《きたしらかわのみや》成久《なるひさ》王殿下がパリ郊外で自動車事故を起こし、お亡くなりになった。同乗の房子妃殿下（大正天皇の妹）と朝香宮《あさかのみや》鳩彦《やすひこ》王殿下（大正天皇の叔父）は重傷を負った。

この時の台湾総督は田健《でんけん》次郎《じろう》。この報を聞いたのは、行啓の下見で台南にいる時だった。急遽予定を変更し、鉄道で台北に戻る。

またご訪台が中止となるのか。

何とか実現させる術はないのか。

そんな思いに支配されていたのか、車中では一言も発しなかった。

台湾の人々は祈った。いろいろなところで、殿下らのご平癒と皇太子殿下の行啓実現の祈願祭を執り行った。祈りが通じたのか、約2週間延期したものの、16日から27日までの12日間のご滞在が決定したのである。

＊

裕仁皇太子殿下の台湾ご訪問を記録した『東宮行啓』に出会い、感動した私は、日本人にも裕仁皇太子殿下が台湾で大歓迎されていたことを知ってほしい、収録されている感動的な写真を見てほしいと、日本国内での講演で写真集について言及した。すると決まって数名の参加者から「その写真集はどこで手に入るのか」と聞かれるのだ。

しかし、残念ながら『東宮行啓』は日本の書店では取り扱っていない。この本を、日本でも簡単に入手できないものだろうか。そう考えていた時に、王氏から日本語版出版の提案を受けた。

願ってもないことだ。それならばぜひ！　と『東宮行啓』を日本向けに紹介する本書の出版に着手することとなった。

『東宮行啓』の写真を見ていると、今日の日台友好の根底にはこの時の「感動」があるのではないかと思えてくる。ぜひとも写真から溢れる当時の感動を一緒に味わっていただきたい。

本書は第1章で『東宮行啓』を日本版にアレンジして台湾でのご滞在の写真と記録、日程を収録すると共に、第2章の『東宮行啓』著者のインタビューや解説、第3章のご滞在地は現在どうなっているかを辿ったレポートなどを元に構成している。

『東宮行啓』をアレンジした第1章は、中国への留学・赴任経験がある加賀美誠氏に翻訳監修を依頼。編集作業を倉科明実氏、杉原悠人氏、堤正史氏、和田浩幸氏に協力してもらった。歴史考証については、麗澤大学特任教授の江崎道朗氏に監修を依頼した。

第2章、第3章は三荻が中心になって執筆した。共に作業に当たったのは、20~40代のメンバーだ。同世代の人たちに読んでもらうためにはどうすればよいか。それを考えた結果、できるだけ平易な表現を用いることにした。読者の中には、「敬語がなってない」「表現が拙い」と不満に思う方もいらっしゃるかもしれない。しかし本書は若い世代、とりわけ中学生や高校生にも読んでほしいと思っている。そのため、あえて難解な文章にしなかったことをご理解いただきたい。

いつも台湾訪問をサポートして下さる数多くの方々のお力添えによって、本書出版の運びとなったことは、この上なく幸せである。この場を借りて、御礼を申し上げたい。

本書を手に取られた読者の皆様が昭和天皇と台湾を身近に感じてくだされば幸いだ。

令和7年　4月

三荻 祥

目次

第3章 100年後に『東宮行啓』を辿る

装丁　神長文夫・柏田幸子
ＤＴＰ製作　荒川典久

第1章

東宮行啓　日本版

皇族の台湾訪問について

裕仁皇太子殿下が台湾に行啓する以前にも、様々な目的で皇族が台湾を訪問された。

・明治34（1901）年、北白川宮能久親王妃富子《きたしらかわのみやよしひさ》は、10月27日の「台湾神社鎮座式」に明治天皇のご名代として、また能久親王の未亡人として御成。

・明治41（1908）年、閑院宮載仁親王《かんいんのみやことひと》は、10月24日の「台湾縦貫鉄道全通式」に御成。

・明治43（1910）年、北白川宮輝久王《きたしらかわのみやてるひさ》は、6月に戦艦「阿蘇」に随行し、海軍少尉候補生として御成。

・大正5（1916）年、閑院宮載仁親王と王妃は、4月に「台湾勧業共進会」視察のために御成。

・大正6（1917）年、北白川宮成久王と王妃は、台湾神社および能久親王の遺跡を参拝するために御成（写真）。

・大正9（1920）年、久邇宮邦彦王《くにのみやくによし》夫妻は、「武徳会台湾分会」の大会に参加するために御成。

4月12日

大正12（1923）年4月12日、皇太子殿下は、皇居で母・貞明皇后にご挨拶をした後、東京駅で御召列車《おめしれつしゃ》に乗車。8時30分に横須賀軍港へ向けて出発した。9時55分に横須賀駅に到着すると、10時に御召艇《おめしてい》（桟橋と停泊中の戦艦の行き来のために乗船する小型の船）へと乗り込んだ。

写真は赤絨毯を歩く皇太子殿下。海軍少佐の軍服を着用されている。左から二人目は大正10（1921）年から大正14（1925）年まで宮内大臣を務めた牧野伸顕《まきののぶあき》。

皇太子一行は御召艦《おめしかん》（天皇や皇族が移動の為に乗る戦艦）である戦艦「金剛」に乗艦。戦艦「比叡」と「霧島」に護衛されながら、横須賀埠頭で多くの官員や民衆に見送られた。11時、艦隊は「帝国最南端の国土」台湾へ向けて堂々出航した。

写真は、御召艦「金剛」。大正2（1913）年に就役し、その後、昭和3（1928）年と昭和10（1935）年に大規模な改装が行われた。

東宮台湾行啓日程

4月16日

基隆

- 13:25 基隆港到着
- 13:30 基隆駅出発

台北

- 14:20 台北駅到着
- 14:30 台北御泊所（台湾総督官邸）到着
- 18:00 総督官邸にて晩餐会
- 19:30 総督官邸ベランダより大提灯行列観覧

4月17日

- 09:20 台湾神社参拝、油杉を植樹
- 09:50 台北御泊所到着
- 11:30 台湾総督府にて歓迎昼食会
- 12:15 総督府ベランダより市内各学校児童・生徒らの奉迎旗行列観覧
- 13:25 台湾生産品展覧会視察（植物園）
- 15:25 総督府中央研究所農業部視察
- 16:35 台北御泊所到着

4月18日

- 08:30 総督官邸の庭に油杉を植樹
- 09:05 総督府中央研究所視察
- 10:17 台北師範学校及び付属小学校視察
- 10:53 太平公学校視察
- 11:30 台湾軍司令部視察、昼食会、ガジュマルを植樹
- 13:02 総督府高等法院訪問
- 13:20 教育展覧会視察（台北第一中学校）
- 14:37 総督府医学学校視察
- 16:50 総督官邸の庭にて蕃人の舞踊を観覧

- 08:40 台北駅出発

4月21日

台南

- 10:50 総督府殖産局塩水養殖試験場視察
- 11:40 台湾歩兵第二連隊視察、ガジュマルを植樹
- 12:20 台南駅出発

高雄

- 13:28 高雄駅到着
- 13:35 高雄御泊所（寿山）到着
- 14:05 高雄州庁訪問
- 14:30 高雄第一尋常高等小学校視察
- 14:50 高雄港埠視察
- 15:45 高雄御泊所到着
- 19:30 御泊所にて提灯行列・松明行列観覧

4月22日

- 09:40 高雄駅出発

屏東

- 10:30 屏東駅到着
- 10:40 台湾製糖株式会社阿緱工場視察
- 12:10 屏東駅出発

高雄

- 13:00 高雄駅到着
- 13:15 高雄御泊所到着
- 14:57 高雄山（寿山）登山
  [注／4月29日が裕仁皇太子殿下の誕生日であることを記念し、「高雄山」を「寿山」に改名した]
- 16:30 高雄御泊所到着

4月23日

- 08:10 高雄港出発

馬公

- 15:05 澎湖諸島・馬公要港部視察
- 17:20 馬公出発

- 10:00 基隆港到着

4月19日

新竹

- 10:31 新竹駅到着
- 10:40 新竹州庁訪問
- 11:07 新竹尋常高等小学校視察
- 11:30 新竹駅出発

台中

- 14:40 台中駅到着
- 14:48 台中州庁訪問
- 15:16 台中第一尋常高等小学校視察
- 15:45 陸軍台中分屯大隊視察
- 16:06 台中水道水源地視察
- 16:12 台中第一中学校視察
- 16:36 台中御泊所（台中州知事官邸）到着
- 19:00 州知事官邸にて提灯行列・民俗行列観覧

4月20日

- 08:40 台中駅出発

台南

- 12:33 台南駅到着
- 12:40 台南御泊所（台南州知事官邸）到着
- 13:20 台南州庁訪問
- 13:45 北白川宮遺跡訪問、ガジュマルを植樹
- 14:08 南門尋常小学校視察
- 14:30 台南孔子廟訪問
- 14:55 台南師範学校視察
- 15:12 台南第一公学校視察
- 15:38 台南第一中学校視察
- 16:00 台南御泊所到着
- 19:30 州知事官邸より提灯行列、台湾催物観覧

21日

- 09:05 台湾製塩会社安平塩田視察

4月24日

基隆

- 10:10 基隆重砲大隊視察、ガジュマルを植樹
- 10:45 基隆駅出発
- 11:35 台北駅到着

台北

- 11:45 台北御泊所到着
- 13:18 総督府博物館視察
- 14:15 全島学校連合運動会（圓山運動場）観覧
- 16:20 台北御泊所到着

4月25日

- 11:10 草山賓館（陽明山）到着、昼食会
- 14:05 北投視察
- 15:15 台北御泊所到着
- 16:30 総督官邸にて御賜茶

4月26日

- 09:05 台湾歩兵第一連隊視察、ガジュマルを植樹
- 09:55 総督府専売局視察
- 11:25 台北御泊所到着
- 13:03 台北第一高等女学校視察
- 13:22 武道大会観覧（台北武徳殿）
- 14:25 台北第三高等女学校視察
- 15:10 台湾体育協会陸上競技大会（圓山運動場）観覧
- 16:25 総督官邸にて台湾固有催物行列観覧
- 18:00 総督官邸にて御賜宴
- 19:30 総督官邸にて花火観覧

4月27日

- 09:10 台北駅出発

基隆

- 10:00 基隆駅到着
- 11:00 基隆港出発

4月16日　基隆→台北

皇太子殿下が基隆《きりゅう》に到着する前、台湾全土では台湾総督府をはじめとする各方面が長期間にわたり準備と計画を進めていた。基隆港内の各種船舶や、皇太子殿下のために用意された御召艇は、何度も演習を行い、安全かつ正確に運航できるよう万全を期していた。写真は、皇太子殿下到着前の演習中の様子を撮影したもので、港内に向かって進む御召艇（手前）。

防波堤後方にある「白米甕砲台」の山頂には、「奉迎」という大きな看板が掲げられた。皇太子一行が入港する際に台湾全島の住民の熱い歓迎の思いが伝わるよう工夫されている。

基隆港内の奉迎艦隊（殿下をお迎えしていた艦隊）は、艦首から艦尾まで国際信号旗を掲げ装飾していた（写真）。防波堤の外に停泊していた行啓艦隊（「金剛」「比叡」「霧島」）は、夜間には全艦を灯飾で彩り、北部の住民たちが観覧に訪れるほどの注目を集めた。夜間の基隆港は昼間のように明るく照らされ、普段は見られない壮観な光景が広がった。祝賀ムードに満ちた光景は、人々にとって生涯忘れられないものとなった。奉迎艦隊の隊員らは皇太子殿下に最敬礼を捧げ、お迎えした。

9時30分、御召艦「金剛」の停錨が完了。

10時には台湾総督と2名の秘書官、台湾軍司令官・福田雅太郎《ふくだまさたろう》が御召艦「金剛」へと向かった。

13時、御召艦の官兵が「万歳」を三唱し、汽笛が一斉に鳴り響く中、裕仁皇太子殿下は皇太子旗を掲げた御召艇に乗船した。

13時25分、裕仁皇太子殿下が台湾の地に足を踏み入れると、基隆要塞《きりゅうようさい》の重砲兵部隊が礼砲で敬意を表した。


基隆駅前には、皇太子殿下を迎えるために特設された大奉迎門が建てられた。

大奉迎門は左右に分かれ、それぞれ主塔と副塔の構造で成り立っている。主塔の上部には日章旗を模した紋章が飾られ、駅に向かって右側正面には「奉」の文字が、左側には「迎」の文字が「小篆書体《しょうてんしょたい》」で書かれている。背後の駅舎と調和するように、主塔と副塔の頭頂部は駅の中央屋根と呼応するルネサンス様式の尖塔設計となっている。

この奉迎門は仮設の建築物だったが、明治41（1908）年に建てられた基隆駅との建築景観を損なわない工夫が凝らされた造りとなっていた。

皇太子殿下は基隆の地に到着した後、ただちに総督府鉄道部長・新元鹿之助《にいもとしかのすけ》の先導で基隆駅へ向かった。沿道では多くの市民や官吏、警察が整列して歓迎した。写真左奥には基隆に駐屯している海軍部隊が見え、軍官が正式な海軍大礼服を着用し、兵士を率いて見送る様子が写っている。13時30分、御召列車は基隆駅を出発した。

第8代台湾総督　田健治郎

当時の台湾総督であった田健治郎（従二位勲一等、男爵）。大正8（1919）年に台湾総督に就任する以前、彼は衆議院議員、貴族院議員、逓信大臣、農商務大臣を歴任した。台湾総督としての4年間の任期中、彼は「内台一体」政策を積極的に推進し、内地（日本本土）と台湾の差別待遇を解消することに尽力した。

裕仁皇太子殿下の台湾ご訪問において、「台湾の子民も皇国の一員である」という訓示がたびたび強調されたが、田総督はその3年半前からすでに「台湾は日本内地の延長である」という方針を施政の要点として掲げていた。

天皇や皇族がお乗りになる列車を御召列車という。裕仁皇太子殿下の台湾ご訪問で使用された御召列車は、明治45（1912）年に、当時の嘉仁皇太子殿下（のちの大正天皇）のために用意されたもの。嘉仁皇太子殿下のご訪問計画は明治天皇の崩御《ほうぎょ》（亡くなること）により実現しなかった。

御召列車の中間車両には皇室の菊花紋章が掲げられており、これは皇室専用の特別列車であることを示している。外観は灰色の屋根と深いワインレッドの車体が特徴で、写真に写っている最後尾の車両は展望車となっている。

菊花紋章は直径40センチの大きなもの。今でも大切に保管されており、展示会等で展示されている。

御召列車内の皇室専用車両。内装は濃淡のある天然木材（紅ヒノキと米国から輸入した松）を用いて装飾されており、寝室や休憩室にはヨーロッパ風の家具が配置されている。また、通気窓のガラスにはステンドグラスが施され、随所に精緻で優雅な雰囲気を漂わせている。さらに、車内の天井には木製羽根の電動扇風機が設置されており、これも大きな特徴の一つである。

御召列車は、皇太子殿下が台湾訪問中に使用した最も重要な長距離移動手段であった。欧州の王室列車同様、単なる交通手段ではなく社交の場としての機能も備えていた。御召列車には専用の食堂車が設けられており、床には滑り止めのためのカーペットが敷かれ静粛性が保たれている。室内の装飾は主に桑材を使用しており、花模様のパネルや漆塗りが施された。

快適に過ごすために欧州式の椅子や食事用テーブルが備えられているだけでなく、豪華に装飾された食器棚も特徴的。また、広めの展望窓ガラスを設置し、食事を楽しみながら景色も堪能できる構造になっている。

14時20分、御召列車はゆっくりと台北駅のホームに到着した。皇太子殿下は牧野宮内大臣、珍田東宮大夫、田総督、福田台湾軍司令とともに、徒歩で台北駅の出入口に向かわれた。皇太子殿下は沿道で迎える人々に時折手を挙げて挨拶をされた。

台北駅車寄せの前には御料《ごりょう》馬車（天皇や皇族がお乗りになる馬車）が待機している。これは明治維新以降、西洋から取り入れ現在まで続く皇室の伝統である。御料馬車の前には台湾歩兵第一連隊騎兵中隊が並び、赤地に白い枠、金色の菊花紋章が入った「皇太子旗」を掲げ、車列の先導を務めた。

台北駅周辺には皇太子殿下を奉迎するため10万人の官民が集まった。駅前広場では、左側に高等武官、篤志看護婦人会、愛国婦人会、文武官員、在郷軍人会、警察・刑務所関係者、各学校の学生代表、そして高齢者が集まり、右側には台北州協議会員、台北市協議会員、従六位勲六等以上の紳士、街庄協議会員、赤十字幹部、各界の宗教指導者、消防部隊、記者及び高等学校以下各学年の児童らが集まった。

殿下をお迎えするに当たっては、台湾各地に大きな奉迎門（殿下の訪問を歓迎するための大きなゲート）が臨時に設置された。中でも台北駅前の大奉迎門が最も壮観だった（写真）。

大奉迎門の上部には、「奉」と「迎」の二文字が掲げられた。1万1170個の電灯で夜は明るく照らされていた。この奉迎門は地面から75尺（約23メートル）の高さまで骨組み構造で立てられ、外側は木製の皮膜が施され、スプレー塗装で仕上げられた。

また、台湾鉄道ホテルと総督府博物館の正面には、それぞれ高さ44尺（約13メートル）の奉迎門が一つずつ設置されていた。さらに、台北市内の各町には大小様々な奉迎門が設置された。

奉迎門だけでなく、台北の四大旧城門（北門、東門、南門、小南門）も夜間になると、それぞれに電球装飾が施され、祝賀の雰囲気を盛り上げた。また、栄町《さかえちょう》（現在の衡陽路）や各交差点にも夜間の電球装飾が施された。それぞれ地域の商店では様々な色の照明が設置されるだけでなく、様々な「東宮行啓」の記念商品が販売された。

【皇太子殿下の台北市内行啓ルート】

台北市内での行啓ルートは、台北駅を起点とした。「皇太子旗」を掲げた騎兵儀《ぎ》仗隊《じょうたい》が堂々と行列を先導し、その後に先導馬車、皇太子殿下が乗る馬車、さらに続いて騎兵儀仗隊と、宮内省（現在の宮内庁）および台湾総督府の官員が乗る数台の自動車が続いた。行啓の隊列は、台北駅前に設置された大奉迎門を通過し、一路台北市の城内へ向かった。そのルートは表通（現在の館前路）を南へ、台

湾総督府博物館（現在の台湾博物館）の前で右折し、現在の襄陽路を進んで本町を経由し、台北御泊所（台湾総督官邸、現在の台北賓館）に向かうものだった。写真は、行啓の隊列が西尾商店前（現在の重慶南路と衡陽路の交差点）を通過する様子。

沿道でお迎えする人々が大勢押し寄せたものの、全体的に静粛で、礼儀正しく皇太子殿下の車列を迎えた。殿下は馬車の中から軽く会釈で応じた。群衆の中に高齢者を見つけた際には手を挙げて挨拶を返した。民衆が沿道を埋め尽くしながらも、秩序正しく整然とした様子は皇太子殿下に強い印象を残した。

台湾総督府と台北州は、このわずか10分間の馬車行程に多大な労力を注いだ。街路の清掃を徹底するとともに、各機関や民間の有力者、地域の名士が協力して荘厳かつ厳粛な雰囲気を演出した。これには、台湾総督府の統治の成果をアピールする意図があった。

皇太子殿下を乗せた車列は14時30分に台北御泊所に到着した（写真）。わずか10分の行程だったが、台北市民は皇室の威厳と堂々たる存在感を十分に感じるものであった。

【皇太子殿下が台北御泊所で行った単独拝謁】

御泊所では宮内大臣や随行官員が廊下で恭《うやうや》しくお迎えしていた。殿下は礼を交わした後、少し休息を取られた。その後、大広間で田健治郎総督は、皇太子殿下に対し奉迎文を朗読した。殿下は、田総督以下の官員や台湾の重要人物に対し、その労をねぎらい、褒賞の意を表した。

さらに皇太子殿下は、この行啓に際して総督府と台湾各界が行った周到な準備に感謝を述べ、大正天皇が「台湾の社会事業および教育を奨励するため」に10万円（現在の価値で約2億台湾ドル／9・5億円）を特別に授与することを発表した。この資金は後に「恩賜財団台湾済美会」として社会福祉や教育基金に充てるために、総督府が直接管理した。また、天皇は明治天皇の形見である「黄櫨染《こうろぜん》御服および冬用御束帯」（平安朝時代の黄袍と腰帯）一揃いと、明治天皇の「御太刀《おんたち》」を、皇太子を通じて贈呈した。これらの形見は台湾神社に保管され、一般民衆が拝観できるようにされたが、戦後その行方は不明となった。

単独拝謁が終了した後、18時に晩餐会が予定されていた。皇太子殿下は連日の移動にもかかわらずお疲れの様子も見せず、東宮御用掛・西園寺八郎公爵とともに、総督府官邸内に新設されたテニスコートで運動を楽しまれた。晩餐会では、殿下は正式礼装で出席し、疲れを感じさせることもなく、食欲旺盛であった。

晩餐会中、殿下は牧野宮内大臣、珍田東宮大夫、そして田総督とともに、台湾の政治、財政、風土や民情について、頻繁に質問や意見交換を行った。

【台北市民による奉迎提灯大行列】

19時30分、皇太子殿下の台湾ご訪問を祝して、台北市では各界が提灯大行列を行った。提灯行列には老若男女を問わず2万4752名が参加した。参加者は皆、赤と白の紙提灯と国旗を手にし、台北はまるで夜を徹して輝く街となった。人々は五つのルートに分かれ、提灯を手に「皇太子殿下奉迎行進曲」を高らかに歌いながら出発した。皇太子殿下がバルコニーにお出ましになると、合図の音が鳴り響き、参加者全員が敬意を表して立ち止まった。台北新公園では、台北初代市長の武藤《むとう》針五郎《しんごろう》の号令で一斉に花火が打ち上げられ、2万4000人以上の市民が整然と「万歳」を三唱した。

その後、五つの提灯行列は順に御泊所を通り、皇太子殿下に拝礼した。皇太子殿下は提灯行列が通り過ぎる40分間、バルコニーで提灯を振りながら市民に返礼された。ろうそくが燃え尽きる度に、侍従官が提灯を交換して返礼を続けた。この行列の秩序正しさに、観覧していた牧野宮内大臣も「今夜のように秩序よく行われた提灯行列は、一生に一度見ることができるかどうかだ」と感嘆の声を上げた。

4月17日　台北

台北は引き続き晴天に恵まれた。午前9時、皇太子殿下は御泊所から自動車に乗り、御鹵簿《ごろぼ》儀仗隊の先導のもと、台湾神社（現在の圓山ホテル）へ向かった。車列は全長1キロメートルにも及んだ。

沿道では依然として多くの民衆が列をなし歓迎しており、車列は速度を落として時速16キロメートルで進んだ。皇太子殿下は、勅使街道《ちょくしかいどう》（現在の中山北路）の両側に整然と立ち並ぶ人々に対して軽く会釈し、礼を示した。

写真は、車列が圓山町方向へ進む途中の様子を撮影したもの。

台湾神社の主祭神は台湾で亡くなった北白川宮能久親王殿下。台湾にあった多くの神社で主祭神として祀られていた。皇太子殿下は、右手に玉串、左手に刀を携えて参拝された。

午前9時20分に台湾神社参拝が終了した。殿下は神社中門の東側に高さ9尺（約3メートル）の油杉の苗木を記念に植樹された。写真は参拝を終え、中門前の階段を下る様子。行列の先頭で皇太子殿下を案内しているのは、当時の神社宮司・山口透。殿下の後方には、田総督、高田《たかだ》富藏《とみぞう》台北州知事、福田軍司令官が続いている。

写真の左側に見える建物は「神饌所《しんせん》」で、祭祀に使用する食材などを準備していた。石灯籠《いしどうろう》には台湾神社を象徴する「台湾菊紋」が刻まれている。

午前9時20分、皇太子殿下は山口宮司や台湾神社職員の見送りを受け、御泊所へと戻られた。写真は皇太子殿下が乗車された御料車《ごりょうしゃ》（天皇や皇族がお乗りになる車）。当時宮内省が英国に発注したロールス・ロイス「シルヴァーゴースト」（Silver Ghost）の特注車で、深いワインレッドの車体の扉には金色の十六葉菊の紋章が飾られている。運転手と助手が着用している菊の紋章が入った帽章付きの制帽は特徴的だ。

【皇太子殿下の総督府行啓】

9時50分、台湾神社から戻られた後、少し休息された皇太子殿下は、11時に御泊所を出発した。車列は再び台湾歩兵第一連隊騎兵中隊によって先導され、「皇太子旗」と赤と白の燕尾型の「騎兵槍旗」を持ち、威風堂々と進んだ（写真）。

道沿いには、台北州管内の学校の児童、各州庁の原住民代表、および一般市民が列を作り、皇太子殿下を迎えた。軍服をお召しになっていた皇太子殿下は、手を挙げて答礼した。

11時5分、皇太子殿下の車列は総督府（現在の総統府）玄関前の車寄せに到着。賀来佐賀太郎《かくさがたろう》総務長官が重要官員と共にお迎えし、殿下を二階に設けられた臨時休憩所に案内した。皇太子殿下が座席に着いた後、田総督が府内の高官たちを順番に謁見《えっけん》（天皇や皇族に会うこと）させた。その中には、賀来総務長官、竹内友治郎《たけうちともじろう》警務局長、新元鹿之助《にいもとしかのすけ》鉄道部長、吉田平吾《よしだへいご》逓信局長、相賀照郷《あいがてるさと》内務局長、阿《あ》部《べ》滂《ひろし》財務局長、池田幸甚《いけだこうじん》専売局長らが含まれており、順番に謁見した。

田総督は総督府の主要官員たちの謁見が終了した後、皇太子殿下に「台湾総督府の治政概要」について報告し、《治政概要報告書》33項目を殿下に提出した。この後、田総督の案内で、皇太子殿下と各要員は総督府の会議室に進み、３７３名の官民代表からの集団謁見を受けた。さらに48名の元総督府評議員、州

市協議員、元台北庁参事が謁見を行った。
その後、総督府内で昼食会が開かれた。「君が代」の演奏が始まると、全ての参加者が立ち上がり、殿下をお迎えした。参加者は伏見宮博義王を含む30名。

12時15分、台北市中心部で学童らによる奉迎旗行列が行われた。台北市内の小学5年生以上の児童、台北州内の女学校の学生たちが教師に伴われ、日の丸の小旗を持ちながら、総督府に向かってパレードした。総勢８５００人。参加した児童らは、明治28（１８９５）年の台湾統治以降に生まれた世代。皇太子殿下のお姿を直接目にすることで、日本の一員としての誇りを高める効果をもたらした。

学童奉迎旗行列に参加した各学校の隊列は、総督府に向かって右側から順に以下のように配置された。「台北第一高等女学校」、「第二高等女学校」、「第三高等女学校」、「私立静修女学校」、「女子職業学校」、「台北師範学校附属小学校」（現在の台北教育大学附設小学）、「末広高等小学校」、「旭尋常小学校」（現在の東門国小）、「寿尋常小学校」（現在の西門国小）、「南門小学校」（現在の南門国小）、「樺山尋常小学校」、「建成尋常小学校」、「老松公学校」、「龍山公学校」、「太平公学校」、「日新公学校」、「蓬莱公学校」、「大龍峒公学校」（現在の大龍国小）、「朱厝崙公学校」（現在の中正国小）、「大安公学校」、「東園公学校」。

教師や生徒らは、厳粛で緊張した面持ちで、殿下のお出ましを待っていた。殿下が総督府二階のバルコニーにお出ましになると、「君が代」のラッパが鳴り響き、全員が一斉に拝礼した。殿下は手を挙げてご答礼された。

その後、前方中央の高台に立つ台北市長・武藤針五郎の先導により、児童や教師たちは右手に国旗を掲げ、一斉に「万歳」を三唱した。その瞬間、歓声は天を突くほど響き渡った。生涯のうちで皇太子殿下のお姿を直接拝することができたことに感動し、「万歳」を叫びながらも涙を抑えきれず、目に涙を浮かべる教師や児童も少なくなかった。

皇太子殿下は台湾の地でこのような光景を直接目にされ、感激の面持ちで微笑みを浮かべながら、ゆっくりと会場全体を見渡された。その姿は、会場にいた全ての人々に殿下の真心が伝わるものであった。

総督府前鹵簿《ろぼ》にてご出発

皇太子殿下の台湾ご訪問に合わせて「生産展覧会」と「教育展覧会」が開催された。

13時20分、皇太子殿下は儀仗隊に先導され、台北植物園へ向かった。写真は皇太子殿下が総督府殖産局長の喜多孝治の案内で植物園会場に入る様子。後ろは、白い海軍中尉の制服を着た伏見宮博義王。


植物園内にある生産展覧会場では、台湾の林業木材、稲作、砂糖、茶葉、バナナなどの農作物とその加工製造過程が主に展示された。写真は、織布の実演をする新竹州シバジー社のユーマバウナイ・アモイタイモ氏と新竹州ビーライ社のマヤエテ氏ら新竹原住民女性。

ほかにも、化学製品をはじめとする工業製品や水産物、鉱物、手工業の展示が行われた。知識旺盛な皇太子殿下は生産展覧会に非常に興味を持ち、各工程や細部について頻繁に質問された。

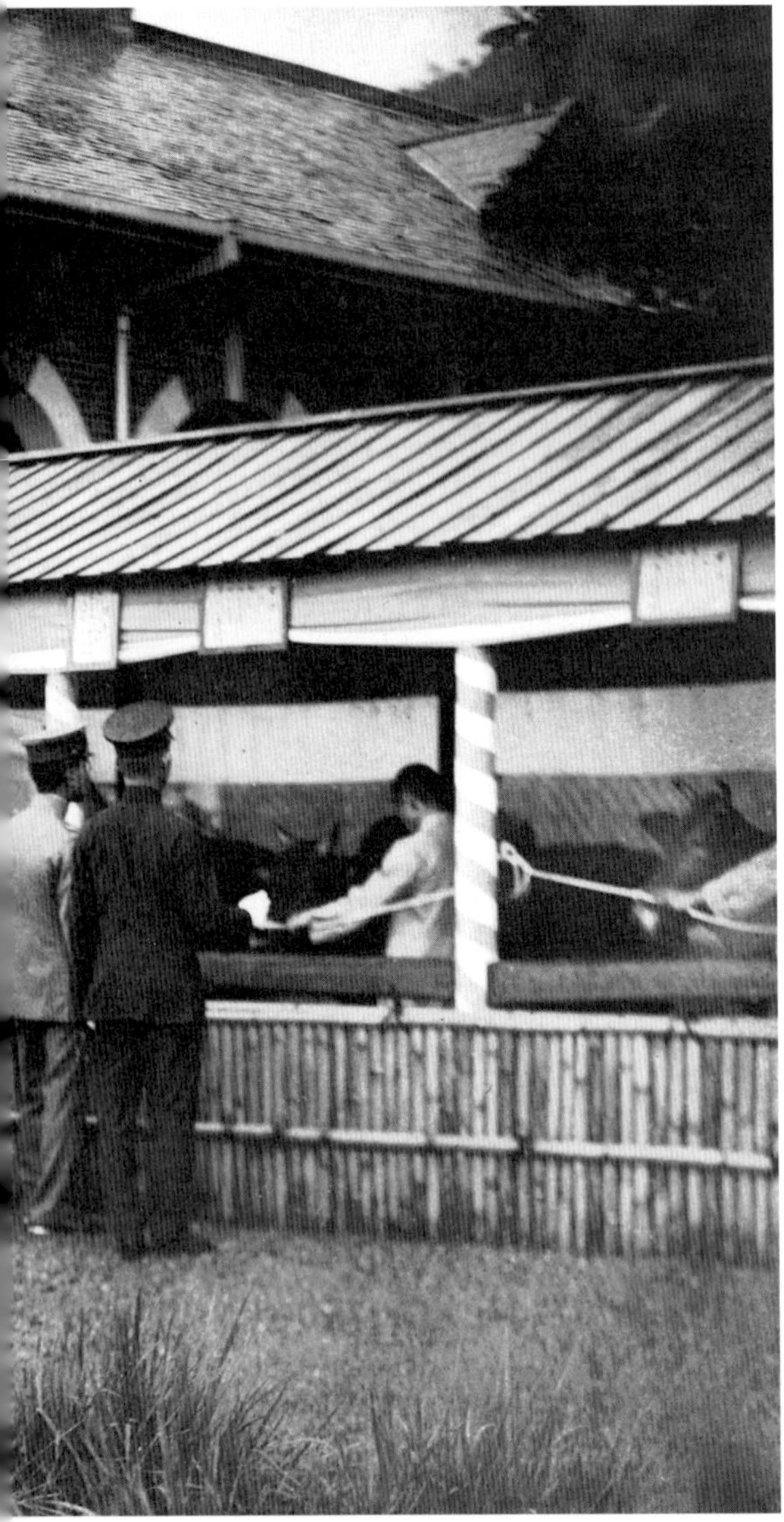

皇太子殿下の車列は多くの奉迎者に迎えられ、富田町（現在の公館）にある中央研究所農業部（現在の台湾大学昆虫学科横）に15時25分に到着した。農業部長の大島金太郎は、農業の育苗や畜産業の品種改良に関する殿下からの質問に対して自ら説明を行った。

途中、突然激しい雨が降り始めたが、殿下は全く気にすることなく大島教授にさまざまな研究の詳細について質問された。

4月18日　台北

殿下は総督府官邸に訪問記念の植樹をされた。この度のご訪問では、この他に、台湾軍司令部玄関前（台北）、北白川宮御遺跡所中庭（台南）、歩兵第二連隊大隊中央営舎前（台南）、重砲兵大隊将校集会所前（基隆）、歩兵第一連隊玄関前（台北）、にガジュマルを植樹されている。

当時のスコップは、今でも大切に保管されており、台湾で開催される展示会などで、折々に展示されている。

9時5分、儀仗隊の先導の下、台湾総督府中央研究所を訪問された。所長の賀来佐賀太郎と研究員たちが玄関で出迎え、その後、各部門が皇太子殿下に対して報告を行った。その中で、皇太子殿下は特に赤痢《せきり》やコレラなどの感染症の予防方法や毒蛇の種類、血清の開発状況、さらに北投石《ほくとうせき》（北投温泉で発見された鉱物）と秋田県の鉱石との違いについて質問された。殿下の博識と慈悲深い心に、その場にいた者は皆感服した。

10時15分、皇太子殿下は中央研究所の訪問を終え、直ちに車で総督府台北師範学校（現在の国立台北教育大学）へ向かわれた。10時17分に同校に到着すると、総督府台北師範学校の全ての教師と生徒、台北市内の六つの小学校の校長、台北州内の各小学校の校長および教職員、さらに尋常科（小学校2年生以上）と高等科（中学校）の児童ら合計4500名が学校で奉迎した。

総督府台北師範学校校長・志保田《しほた》鉎吉《しょうきち》は殿下に対して同校の基本的な沿革と各年度の卒業生の状況を報告した。その後、高田富藏台北州知事が殿下に台北州内の各小学校の教育状況について報告した。その後、隣接する総督府台北師範学校附属小学校（現在の台北教育大学附設小学）を視察された（写真）。

皇太子殿下が志保田校長に案内されて附属小学校を訪れる際、同校の教師と児童はキャンパス内で最敬礼をもって奉迎した。紫色の幕で飾られた座席に到着されると、皇太子殿下は最初に挙手の礼をし、その後、2500名の教師と児童が一斉に奉迎歌を合唱した。皇太子殿下は直立の姿勢でそれをお聴きになり、歌が終わった後、左右に手を挙げて答礼された。

その後、殿下は草花を描いている児童の間を歩きながら、微笑みを浮かべて一人ひとりの絵をじっくりと見て回られた。そのお姿に教師や児童たちは感動した。殿下は「小学校用国語読本」の中で、原住民の子供と水牛に関する章に特に興味を持たれた。また台湾における内地籍の小学校の児童が台湾語を学ぶ状況についても非常に関心を示された。学校側は台湾語の授業もご覧にいれた。

さらに、殿下は各教室に入る際には必ず帽子を脱ぎ、教室を出る際に再び帽子をかぶるという細やかな礼儀を示された。このお姿を見た教師や児童らは、皇室が教育を重視し、教師らを尊重し、子供たちに深い期待を持っていることを強く感じた。

【大稲埕《だいとうてい》「太平町」へのご訪問】

台北市内の各地に奉迎門が設置されたが、その中でも特に目を引くのは、太平町二丁目交差点（現在の延平北路と長安西路の交差点）に設置された、高さ18尺（約6メートル）の巨大な奉迎門（写真）だ。精緻に彫刻された建物は、本島や華南から招いた名工たちにより、多くの時間をかけて建設された。

この奉迎門は地元の人々によって「龍亭」とも呼ばれた。伝統的な太平町の本島住民のデザインを取り入れ、地域色を加味したものだった。主構造は、伝統的な閩南《びんなん》式の「燕尾」や台湾寺廟建築に使われる屋根の「双龍」といった形状が特徴的だ。それ以外にも屋根の中央には旭日東昇の太陽と、その上に白鶴が立つ「和台混合」スタイルとなっている。建物全体は6本の主柱で支えられ、奉迎門の中央には「葵忱展向（真心を広げ、未来に向かう）」という巨大な額が掛けられ、そこに交差する大きな国旗が掲げられている。主柱の前後左右4本は「龍柱」で、巨大な龍が柱を取り巻く装飾となっており、基座には四つの石獅子が守護の役目を果たしている。

照明効果を考慮したデザインは夜になると一層美しさを引き立てた。

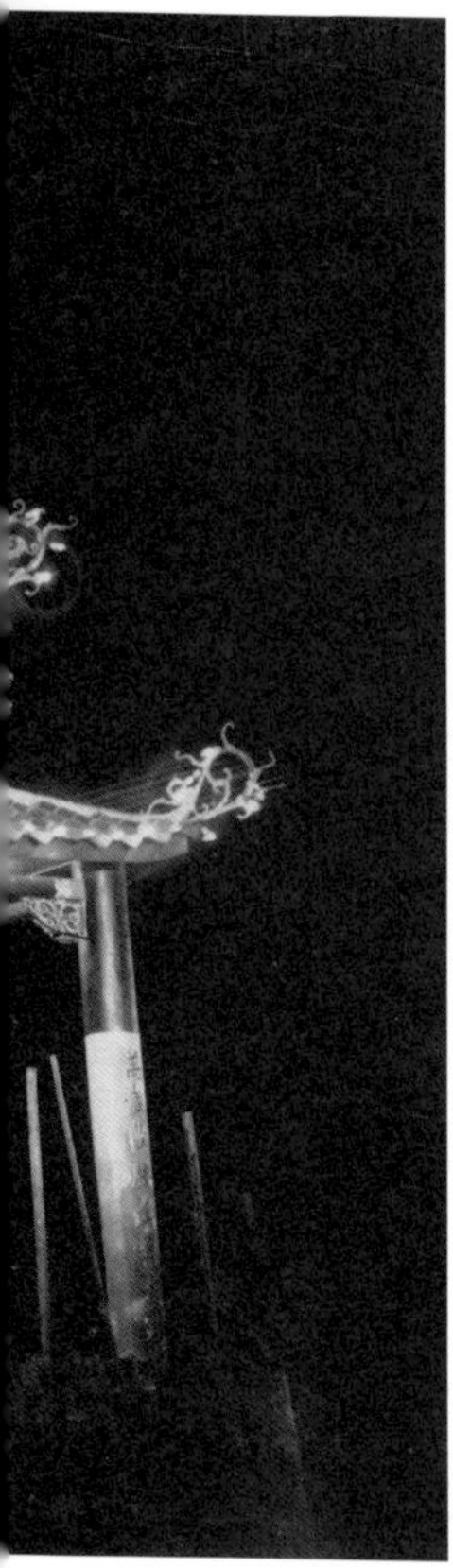

奉迎門の漢詩

台北大稲埕《だいとうてい》地区「太平町」の龍亭と呼ばれた奉迎門は、中央に掛けられた大きな額だけではなく、外側には装飾柱が4本立てられ、前後にはそれぞれ漢詩が刻まれていた。漢詩の内容は以下の通り。

前文：「万歳歓騰鵷鷺元冠迎鶴駕、五州恩浴鹿鯤蒼赤拜龍姿」

万歳歓騰し、鵷鷺元冠して鶴駕を迎える。五州恩浴して鹿鯤蒼は赤龍の姿を拝す。

内容：万歳の歓声が高らかに響き渡り、鵷鷺《えんろ》のように美しく整った人々の列が、（鶴のように尊い）皇太子殿下をお迎えする。五州（日本全土）の民は恩恵に浴し、鹿や海原の人々（台湾の人々）が赤誠をもって龍のごとき威厳あるお姿に拝礼する。

意味：この詩は、皇太子殿下の訪問を喜び、全国的な祝賀の様子と感謝の気持ちを表現している。「鵷鷺元冠」は美しく整った迎えの列、「鶴駕」は皇太子殿下を象徴し、「龍姿」は皇太子殿下の威厳や風格を示している。「五州」は日本全土を指し、「鹿鯤蒼」は山地と海原の人々（台湾の人々）を表している。

後文：「鯤海謳歌万波恩波課少海、斗星景耀九天徳彩煥前星」

鯤海謳歌し、万波恩波少海に課す。斗星景耀して、九天の徳彩前星に煥たる。

内容：鯤《こん》海（台湾の別名）に響き渡る歌声は、無数の波が恩恵の波に感謝を捧げ、小さな海辺にもその恩寵が届いている。北斗星の輝きが九天（天空）を照らし、徳の光が前星（皇太子殿下）をより一層輝かせている。

意味：この詩は、広大な海と空を例えに出し、皇太子殿下の訪問に対する感謝と賛美を表現しています。「鯤海」は広大な海（台湾の別名の意味もある）、「万波恩波」は広がる恩恵を示し、「斗星景耀九天」は北斗星の輝きが空を照らす様子を、さらに「前星」は皇太子殿下の威光を表している。

写真は、皇太子殿下の車列が奉迎門のある太平町二丁目を通過し、太平公学校（現在の大平国民小学）へ向かう様子。沿道には大稲埕地区の住民が老若男女問わず、皇太子殿下の姿を一目見ようと集まった。集まっていた多くの人々は非常に秩序正しく、官警に負担をかけることはなかった。

皇太子殿下は沿道の市民に手を振って挨拶し、また市民たちが秩序正しくお迎えしている姿に対しても深い印象を受けられた。

【皇太子殿下の「太平公学校」ご訪問】

殿下の車列が大稲埕地区に入ると、太平町の道路沿いにさらに多くの奉迎者が集まり、非常に賑やかな光景が広がった。10時53分、殿下は台湾本島の児童が通う「太平公学校」に到着された。

正門では、台北州内の各公学校の校長が整列して奉迎していた。加藤元右衛門校長の案内のもと、殿下は学校内に設置された御座所に座り、加藤校長から学校の概要についての説明を受けられた。その後、殿下は子供たちの授業をご覧になった。

1年生男子の「国語」の授業。教材は基礎的な日本語の「これはなんですか」で、発音練習、練習、矯正、問答、交互練習が行われた。次に、6年生男子の「歴史」の授業。教材は「豊臣秀吉戦国史」で、近畿地方や大阪城の掛図を使用した教科書と問答式での授業が行われた。その後、蓬莱公学校3年生女子の「唱歌」の授業が行われた。教材は皇太子殿下の弟・澄宮《すみのみや》殿下が作詞した「童謡集」で、呼吸法、発声法、歌詞の説明、教唱、グループでの合唱、伴奏、全員での合唱が行われた。最後は、老松公学校5年生女子の「裁縫」をご覧になった。

11時13分、皇太子殿下は儀仗隊と共に太平公学校を後にした（写真）。

【皇太子殿下の台湾軍司令部ご訪問】

11時30分、皇太子殿下は台湾軍司令部（現在の国防部全民防衛動員署）に到着された。正門の衛兵による持槍礼で迎えられ、司令部の官兵たちは整列して奉迎した。

皇太子殿下は、福田雅太郎司令官の先導で御座所に着座された。その後、福田司令官、佐藤小次郎参謀長、第一および第二守備隊司令官、基隆要塞司令官が順番に謁見を行った。現役の将校94名、在郷の将校（予備役）１２０名以上が集まり、謁見した。その後、福田司令官が治台以降の軍備、風紀、衛生、財物、在郷軍人の状況について殿下に報告した。

11時50分、皇太子殿下は伏見宮博義王と随行する25名の官員と共に、福田司令官の案内で昼食会に出席された。昼食後、バルコニーに上がり、司令部外に集まった民衆に対して敬意を表した。この日は晴天に恵まれ、風も心地よく気候が非常に快適だったため、全ての行程は順調に進行した。部隊の行進を終えた後、福田司令官は皇太子殿下を軍司令部の庭に案内し、殿下は記念にガジュマルを植樹された。殿下が苗木を植えられている間、福田司令官は直立して手を挙げて礼を行い、殿下が植樹を終えるまでその姿勢を保っていた。

なお殿下は、台湾歩兵第一連隊、基隆重砲大隊、馬公《まこう》重砲大隊や台南偕行社（陸軍将校クラブ）に記念の銀杯を贈呈された。また、台湾軍司令官以下の将校には記念品と酒肴の賞金が贈られた。病院で療養中の者には慰問のた

め菓子が贈られた。そのほか、訪問地以外の駐屯部隊の一人一人には皇室の紋章が描かれた御賜煙草が一箱ずつ贈られた。

13時ちょうど、皇太子殿下は台湾軍司令部を出発された（写真）。その際「君が代」の演奏とともに、軍官たちが最敬礼で殿下を見送った。車列はそのまま総督府高等法院、総督府検察局（現在の台北地方裁判所の跡地）へ向かった。皇太子殿下の台湾軍司令部ご訪問は、台湾に駐屯する官兵たちに大きな士気を与え、また帝国の最南端に駐留する官兵たちに大きな名誉を感じさせるものであった。

13時2分、皇太子殿下の車列は総督府高等法院（現在の司法大廈）に到着した。高等法院では、地方法院および検察局の各法官、職員、公設弁護人が玄関で出迎えた。

皇太子殿下が座席に着かれると、台湾における司法の沿革や検察業務の概要に関する報告が行われた。一部法令は台湾の風俗や慣習に合わせて本土とは異なるものの、多くの法規は本土の法律に基づいて施行されており、弁護人制度については公平の原則を追求し、内地と台湾の間に差異がないよう努めていることが伝えられた。

13時15分、皇太子殿下は法廷の全員に見送られ、その場を後にされた。

13時20分、皇太子殿下は台北第一中学校（現在の建国高級中学校）にある台湾教育展覧会の会場に到着された。第一、第二中学校の教師と生徒は沿道で各校の校旗を掲げて、並んで出迎えた。皇太子殿下は視察中、図書、裁縫、手工芸品、学生文具などに特に興味を持ち、頻繁に質問をされた。

その後殿下は、生徒らの授業をご覧になった。総督府高等学校2年生の「英語」（ジョージ・ワシントン）。第一中学校4年生の「西洋史」。第二中学校2年生の「数学」。商業学校5年生の「商業簿記」。

奉
迎

14時37分、皇太子殿下は総督府医学専門学校（現在の台湾大学医学院）を視察された。堀内次雄医学学校校長、大島金太郎高等農林学校校長、片山秀太郎高等商業学校校長が教師や生徒と共に出迎えた。

各校校長からの報告を受けた後、殿下は堀内校長と特にマラリアの寄生虫、肺吸虫、腫瘍、回虫および原住民人類学に関して意見交換をされた。その後、殿下は生徒らの授業を視察された。医学専門学校2年「薬物学」。農林学校2年「植物形態学」。商業学校3年「商品学」。

15時2分、皇太子殿下の車列は激しい大雨の中、御泊所に到着された。その後、大広間で功績を上げた者たちを迎え、一人一人にご下問（天皇や皇族からの質問）があった。

島治功労者として赤石定藏、林熊徵、呉昌才、王慶忠、李春生が挙げられ、殖産興業功労者には木村匡、中川小十郎、吉井治藤泰、三好徳三郎、小松仁三郎、近江時五郎、陳朝駿、李延禧、陳純精、許里。そして教育功労者としては木村謹吾、石坂荘作、黄純青が名前を連ねた。

写真前列左から二番目が田総督、右から二番目は福田司令官。

16時50分、御泊所の前庭で、５００名の各原住民男女と謁見された。

台湾各族原住民５００人の謁見はまさに百聞は一見に如かずで、皇太子殿下をはじめとする内地の貴賓たちに大きなインパクトを与えた。原住民各族は、人類学者である伊能嘉矩《いのうかのり》の現代的な分類法に従い、アミ族、サイセット族、タイヤル族、ツォウ族、パイワン族、ブヌン族、ヤミ族などに分けられ、それぞれ鮮やかな伝統的な衣装を身にまとって登場した。清朝時代に使用されていた「蕃人」という呼称は昭和10（１９３５）年に正式に「高砂族」に改められたが、日本が台湾を統治し始めた時点で、「蕃人《ばんじん》」が台湾の原住民を指す概念がすでに存在していた。警務局理蕃課（蕃人に関する業務を行う部署）の宇野英種課長の指導のもと、七つの原住民各族の代表男女５００人が皇太子殿下に敬意を表した。写真はその中のブヌン族とサイセット族の代表。理蕃課には原住民の血を引く警察官も含まれており、明治32（１８９９）年から積極的に推進された義務教育の成果が現れている。成人だけでなく、蕃人の男女学童たちも奉迎の行列に加わった。儀式後、皇太子殿下は学務課と理蕃課の課長および職員に対し、成果に対する喜びを表明した。

原住民各族500人の奉拝が終了した後、蕃人たちによる歌舞が披露された。最初に登場したのは29名のアミ族勇士たちによる勇壮な舞踊で、彼らは円陣を作り「私たちは神様の加護により無事に穀物の収穫を終えたので、歌舞をもって神様をお慰めし、併せて来期作物の豊穣を祈る」という歌詞を歌いながら踊った。続いて、同じくアミ族の21名の女性による舞が登場し（写真）、優しい歌声で「尊き宮様の前に出て歌舞することは無上の光栄です。私たちがいつも平穏に暮らせるのは、すべて尊き宮様のご慈悲によるものです」と歌い上げた。演技終了後、全場の男女が皇太子殿下に敬礼した。殿下は感動し、全ての舞者一人一人に返礼し、その日の出席した原住民たちに慰労として千円を下賜《かし》された。

4月19日　台北→新竹→台中

皇太子殿下は台北駅から御召列車に乗車された。台湾山砲大隊の礼砲と「君が代」が響く中、8時40分に列車は汽笛を鳴らしてゆっくりと出発した。

途中、桃園駅を通過する際に列車は速度を落とした。桃園郡の官員および桃園公学校や桃園尋常高等小学校の教師と生徒で構成された奉迎隊が、駅ホームに整然と列を作り、皇太子殿下を迎えていたからだ。殿下は車窓を開けて群衆に手を振り挨拶された。

10時31分、殿下は新竹駅に到着。

皇太子殿下が新竹駅に到着されると、「君が代」が流れ、梅谷光貞知事とその州の主要官員約30名による出迎えを受けた。また、台湾歩兵第一連隊の新竹駐屯部隊も駅の外で整列してお迎えした。

新竹駅前広場には奉迎緑門（写真）が設置されていた。この門は木造構造で、表面の板材の上に青杉の葉で装飾されていた。新緑の美しさを表現したデザインは、他の都市の奉迎門の設計とは異なる特徴を持っていた。

奉迎

新竹駅を出発後、新竹市の東門道路を通り新竹州庁（現在の新竹市政府）に向かって進んだ。その道中、市民たちは厳粛に殿下をお迎えした（写真）。

殿下一行は10時40分に州庁に到着された。州庁では主要な官員に加え、新竹出身の総督府評議会員である鄭拱辰をはじめとする地元の名士たちも列を成してお迎えした。

全員が謁見を終えた後、梅谷光貞知事が殿下に新竹州の各種建設や統治状況について簡単に報告を行った。殿下は州内で学術、慈善事業、教育、殖産興業に貢献した人々に褒賞を授け、励ましの意を示された。

新竹州庁の隣接地の緑地には、この州で選ばれた400名以上の優秀な青年たちによる「新竹壮丁団」が集結していた。台湾各地の壮丁団は、各地で優秀な青年を募集・選抜して結成され、警察機関の人員を補助する役割を果たしていた。彼らは日常的に治安維持、戸籍調査、消防安全、緊急時の救助などに従事していた。

皇太子殿下は新竹州庁の窓辺に立ち、この州の壮丁団代表が行う分列式を間近でご覧になった。

皇太子殿下は新竹州庁を出発し、11時7分に新竹尋常高等小学校（現在の新竹市東門国民小学）に到着された。

写真は同校の校門前に設置された奉迎門。そのデザインは新竹駅前の奉迎門と同様の様式である。

校内では新竹中学2年「博物」、尋常小学6年「算数」、第一公学校6年「綴方」の授業をご覧になった。4名の台湾出身の児童は、内地の生徒と変わらない流暢な日本語での演説を披露した。その後、殿下は同校の運動場で新竹市内の各公学校や小学校の体操授業をご覧になった。

皇太子殿下は新竹市民が沿道で見送る中、新竹駅に到着された。御召列車は11時30分に台中方面へ向けて出発した。

列車が新竹州の苗栗《びょうりつ》駅を通過する際、特別に出迎えに来た公学校の教師と生徒に答礼するため列車の速度を落とし、殿下が民衆に挨拶をされた（写真）。

台湾行啓の日程が非常に多忙だったため、全てを直接視察することは難しく、御差遣《ごさけん》として随行した土屋正直《つちやまさなお》子爵が新竹神社を、甘露寺受長《かんろじおさなが》伯爵が角板山をそれぞれ訪問し、視察を行った。

迎
奉

14時40分、皇太子殿下の列車は台中駅に到着した。新元鹿之助鉄道部長が奉迎官員を率いて駅構内で出迎えた。殿下は挙手礼で応えた後、御料車に乗り台中州庁へ向かわれた。

写真は台中駅前の様子。櫻橋通り方面に設置された奉迎門を通過し、台湾歩兵第一連隊第三大隊の官兵から敬礼を受けられている場面。この二本柱型の奉迎門は高さ12メートル、柱間の総幅27メートルで、木材を主体とした構造に板材を覆い、装飾主義のデザインが採用されている。門の頂上には台中市の市章が掲げられていた。

写真は、大正町にて黒留袖の和服を着て殿下をお迎えする愛国婦人会の女性と子供たち。写真中央の提灯台には、日の丸がデザインされている。場所によっては写真のように町名が記されることもあった。内部には照明設備が設置されており、夜になると奉迎門と同じように特に目を引いた。

大正町を例にとると、4～10メートルごとに一つの提灯台が設置され、その上には小さな国旗が掲げられていた。また、ご訪問期間中には、すべての商店や民家に国旗を掲揚することが求められた。

迎

大正町

栄町（現在の継光街）での奉迎装飾の一風景。町の入口に設置された柱型の奉迎門は、多くの場合、町内会によって独自に設計・決定されていた。町ごとに個性的なものが造られ、華やかさなどが競い合われていた。栄町地域では、3メートルごとに一つの提灯台が設置されており、高さはおおよそ2～3メートル。最上部には国旗が飾られていた。昼夜を問わず街路に並ぶ提灯が目を引き、視覚的な効果として注目を集める装飾となっていた。

14時48分、皇太子殿下一行は台中州庁に到着した。常吉徳寿《つねよしとくじゅ》知事と州の官員たちは州庁前の広場に列を成して殿下をお迎えした。

殿下のご着席後、常吉知事が州の主要な官員を紹介し、謁見と州務の簡単な報告が行われた。さらに、殿下は州庁内で辜顕栄、楊吉臣、蔡蓮舫、林献堂など10名の名士からの単独謁見を受けられた。

殿下は新高山《にいたかやま》（現在の玉山）を遠望することを楽しみにされていたが、当日は雲が厚く、望みを果たせなかった。

15時11分、殿下は官員たちの礼を受けつつ州庁を後にし、次の行程へ向かわれた（写真）。

15時16分、皇太子殿下は台中第一尋常小学校（現在の西区大同国小）に到着された。同校では、尋常小学6年「歴史」、台中公学校6年「理科」、彰化《しょうか》高女4年「国語」、2年生以上の児童による「唱歌」を視察された。最後に殿下は校舎中央に臨時設置された御座所にて、同校の教師と生徒および市内の公立小学校、台中高等女学校、彰化高等女学校の代表から校庭で最敬礼を受けられた（写真）。

15時38分、全校の教師と生徒が見送る中、殿下は車で学校を後にされた。市内の主要な街道を通過する際には、他の場所同様に多くの人々が沿道で奉迎した。

15時45分、皇太子殿下は干城町《かんじょうちょう》（現在の東区干城里）にある台湾軍台中分屯大隊に到着し視察を行われた。台中での行程が多忙であったため、車列が営区に入ると同時に「君が代」が流れ、全員が静粛に立礼した。殿下は御料車上で閲兵式を行われた（写真）。

部隊の巡視を終えた後、殿下は大正天皇の代理として将校らに記念品、酒宴、賞金を授与された。また、台中州以外に駐屯する部隊には「御賜煙草」が贈られた。

16時に視察を終え、台中分屯大隊を後にされた。

皇太子殿下は台中水道水源地を通過した後、16時12分に台中第一中学校を訪問された。ここは大正4（1915）年に林烈堂、辜顕栄、林献堂、林熊徴、蔡蓮舫ら本島出身の名士によって創立された学校だ。校門では、同校の小豆澤英男校長、台中第二中学校の柳澤久太郎校長、さらに台中師範学校や台中商業学校の教職員が殿下をお迎えした。

殿下は校内に設けられた御座所に入られ、各校の校務報告を聴取された後、校庭で教師と生徒からの謁見を受けられた。そして5年生の「国語」の授業を視察ののち、16時24分に次の目的地へ向けて車で出発された。

臺中第一中學校

写真は、台中公園内の台中神社前をご通過の様子。その後、慌ただしい一日の行程を終え、16時36分に台中州知事官邸に設けられた御泊所に到着された。殿下は官邸内で軽く身支度を整え、休憩された後、大広間で田総督、福田軍司令官、常吉知事の陪席のもと、台中州管内の主要な名士や評議会員と面会された。また、台中州の行政、殖産興業、教育などの分野で功績を挙げた者に対し、労をねぎらい菓子を賜られた。

その夜、台中市の各界では皇太子殿下のご訪問を祝うため、市内各所の奉迎門が灯火で明るく彩られた。台中市民は提灯行列や民俗行列を繰り広げた。

19時、信号弾が夜空を照らし集合の合図を出すと、行列隊は各町の出発地点に集まった。その後、ラッパの合図とともに1万人以上の提灯行列参加者が「奉迎曲」を高らかに歌いながら、四つの集合地点から出発した。隊列は15に分かれ、大正橋や明治町の交差点を経由して御泊所に向かった。その様子はまるで長い龍のように壮観だった。

御泊所前に全員が集結すると、台中市尹《しいん》の川中子安治郎が先導し、「万歳」を三唱して殿下に敬意を表した。東宮殿下は御泊所のバルコニーに立ち、行列の民衆に礼をもって応えられた。

その後、殿下の前に全長73尺（約22メートル）の巨大な龍が登場し、17人の操龍手による情熱的な演舞が行われた。銅鑼《どら》や太鼓の音が鳴り響き熱気に包まれる中、龍が上下左右に激しく動く様子に、殿下は驚嘆しながら終始笑顔を浮かべ、大いに感嘆された。

続いて、彰化方面の夜空に30基の高空花火と9基の低空花火が打ち上げられ、

花火の図柄には仙女、牡丹、蝙蝠《こうもり》、蒼龍などが描かれ、最後には「皇太子殿下奉迎、皇《こう》恩《おん》無《む》窮《きゅう》」という文字が夜空に浮かび上がる壮大な花火大会で締めくくられた。

4月20日　台中↓台南

8時30分、殿下は御泊所から台中駅へ向けて出発された。その後、8時40分に御召列車が発車して台南へ向かった。

午前11時、列車は嘉義駅に停車した。2分間の停車中に嘉義の各機関、各級学校の教師と生徒、青年団、在郷軍人会、愛国婦人会、さらに高齢者代表がホームで殿下をお迎えした（写真）。

【皇太子殿下の台南行啓】

12時33分、皇太子殿下と田総督一行を乗せた御召列車は台南駅に到着した。この到着に先立ち、台南州庁や台南駐屯の台湾歩兵第二連隊、政府機関、商工各界、そして各級学校の学生代表が駅の出口前で整列して待機していた。御召列車が駅構内に入ると、台湾山砲大隊第二中隊が皇室礼砲21発を発射。その轟音《ごうおん》は台南市街地の各地に響き渡った。続いて、先に到着していた帝国海軍軍楽隊が国歌「君が代」を演奏した。集まった各界の人々は厳粛に礼を尽くし、荘厳な雰囲気が漂った。

御召列車を降車後、新元鉄道部長および香取吉万台南駅長の案内で、台湾第二守備隊司令部司令官の奥田重栄《おくだしげよし》少将、枝徳二《えだとくじ》前台南州知事、津田毅一《つだきいち》衆議院議員、さらに田村武七、黄欣などの総督府評議員の出迎えを受けられた。また、台南市長の荒巻鉄之助による紹介のもと、台南市民代表との謁見も行われた。

殿下は入江為守《いりえためもり》侍従長とともにお召車に乗られた。その後ろには東宮侍従、東宮武官、東宮侍医、宮内大臣、東宮大夫、田総督、福田台湾軍司令官、賀来総務長官、海軍軍令部長の山下源太郎大将を含む随行者が続き、総計10両余りの車列が御泊所である台南州知事官邸に向けて出発した。

写真は台南駅前の奉迎門。この奉迎門は高さ25メートル、幅52メートルの規模。中央の高柱に大型通路を設け、左右の高柱と下端に伸びる低柱の間にもアーチ状の通路を設置したものである。この奉迎門の構造は基隆駅や嘉義駅のものと同様だが、台南駅の奉迎門には台湾の古都として

の特色と誇りが表現されている。

　全体的には当時流行していた装飾芸術を基調としながらも、最上部には漢式屋根のデザインを採用し、屋根の頂上には火炎珠の装飾が置かれ、屋根の四隅には祥龍が配置されている。亭閣の欄干《らんかん》には四方それぞれ7面の巨大な国旗と紅白の幕が垂れ下がり、「和」と「漢」の印象を巧みに融合させている。また、本体上部には日本式の旭日が描かれ、その下には漢式の「回紋」、台南市の徽章、隷書《れいしょ》で書かれた「奉迎」の二文字が配されている。

12時40分、皇太子殿下は御泊所である台南州知事官邸に到着された。

13時20分には台南州庁（現在の台湾文学館）を訪問された。台南州内務部長の伊藤兼吉が全職員を率いて玄関でお迎えした。

殿下は入座後、田総督と賀来総務長官の陪席のもと、まず台南州知事・吉岡荒造《よしおかこうぞう》との単独謁見を受けられた。その後、台南州の各一級部長や、枝徳二、津田毅一、許廷光、富地近思（『台南新報』創設者）、黄欣などの総督府評議員との単独謁見が行われた。さらに、各界の指導者や名士、州協議会会員などの団体による謁見を受けられ、州庁での行程を終えられた。

13時45分、殿下一行は南門町に位置する北白川宮御遺跡所（現在の台南市美術館二館）に到着された。一行は遺跡所主典の鈴村譲の案内を受けた（写真）。その後殿下は、北白川宮能久親王が亡くなられた地「宜秋山館」を視察された。この場所は遺跡展示所として整備されており、能久親王の寝室、寝台、寝具、軍靴、そして親王をここまで運んだ担架が展示されている。

このご遺跡所は、台南州下の官民が北白川宮殿下が亡くなったこの地に神社を建てたいとの希望から、人々の寄付によって大正9（1920）年に起工した。皇太子殿下ご訪問後の10月、台南神社として創建された。

14時8分、皇太子殿下一行は北白川宮御遺跡所を出発し、14時8分に南門尋常小学校（現在の建興国民中学）に到着された。同校の校門前では、台南市内の4校の小学校から集まった生徒代表約2000人が整然とお迎えした。校長の案内で御座所に入られた後、吉岡知事が州内の教育状況について報告を行った。その後、殿下は州内の各小学校校長の拝謁を受け、学芸演習場に進まれた。全市の小学生代表による国歌斉唱の後、殿下は「対話」「歌唱」「朗読」などの授業をご覧になった。特に2年生による「御遺跡所について」の談話には深くご感心なさっていた。14時23分に同校を後にされた。

臺南第一幼稚園

14時30分、皇太子殿下は赤壁朱瓦の台南孔子廟《こうしびょう》に到着された。同廟の祭典委員長である伊藤兼吉内務部長が、全州の漢学士紳と共に正門でお迎えした。皇太子殿下が御座所にお座りになると、淡黄色の絹製長袍を着た佾生、赤色の絹製長袍を着た楽生、そして深紫色の長袍を着た礼生による祭祀楽舞が行われた。

典礼は以下の順序で進行した。初献礼で六佾舞楽を奏し、続いて亜献礼、終献礼、飲福受胙（神の加護を祈る儀式で供物をいただく）、そして撤饌奏楽（供え物を下げた後の楽の演奏）。なお、殿下は当時まだ皇太子であり天皇ではなかったため、古礼に従い「六佾舞楽」が採用され、君王主祭の際に用いられる「八佾舞楽《はちいつ》」は行われなかった。

伊藤祭典委員長の説明のもと、皇太子殿下はまず大成殿、崇聖祠、明倫堂、文昌閣といった台南独特の孔子廟建築を見学された。また、伊藤祭典委員長は、大正６（１９１７）年の孔子廟改修時における いくつかの変化や詳細について殿下に詳しく説明した。殿下は孔子廟の建築に大変興味を示され、歴代の数多くの変遷について繰り返し質問された。

14時50分、殿下一行は車で次の目的地

へ向かわれた。

14時55分、皇太子殿下は台南師範学校（現在の台南大学）を視察された。同校の田中友二郎校長および台南商業専門学校の校長をはじめ、台南市内の各公学校の師生が校門前に整列し、殿下を奉迎した。

殿下は、師範学校および商業専門学校の校務報告を聞かれた後、師範学校4年「教育科」、同2年「博物科」、商業学校2年「英語」の授業を視察された。その後、徒歩で隣接する台南第一公学校（現在の台南大学附設小学）を訪問し、第一公学校5年「修身」、第二公学校6年「算数」、第三公学校3年「国語」の視察を行った。

皇太子殿下は台南第一中学校（現在の台南第二高級中学）に向かわれる途中、車中から台南公園を遊覧された。沿道には多くの民衆が殿下を奉迎しており、15時38分に学校へ到着された。

校長の廣江万次郎は全教職員および生徒とともに校門前で殿下をお迎えし、校務の報告を行った。その後、殿下は第一中学校5年生の「物理」の授業、4年生の「台南地方史」の授業、第二中学校2年生の「物理」の授業をご覧になった。

視察行程は15時53分に終了し、16時には御泊所へ戻られた。

御泊所に戻られた後、殿下はただちに台南州の功績ある14名の地方名士である許廷光、富地近思、黄欣などと会見され、菓子を下賜された。夕暮れ前には、台南州が特別に台南の古都らしい特色を持つイベントを行った。最初に披露されたのは有名な「宋江陣」の演武（写真）。「宋江陣」は明末清初の武術団体が起源とされ、台湾に伝わった後、村落で盗賊の侵入を防ぐための民間防衛組織として発展した。旗、斧、刀、三叉、傘、槌、鉄尺など様々な武器と陣形を駆使して演じられるその様子は圧巻だった。

「宋江陣」のほか、この日御泊所では、「八爺九爺」、「北管」、「詩意閣」、「南管」、「雅楽十三音」、「弄龍」といった民俗芸能が披露された（写真）。皇太子殿下はこれらの演目を非常に熱心にご覧になり、しばしば感嘆の意を示された。

また、その夜は、駅前の奉迎門を含め台南市全体が灯火で明るく彩られた。市民による提灯行列には1万人以上が参加した。行列は最終的に知事官邸前に集まり、殿下に敬意を表して「万歳」を三唱して行事を締めくくった。皇太子殿下は市民の熱烈な歓迎に感激され、その間、何度も手を挙げて応えられていた。

4月21日　台南→高雄

　殿下は9時5分に製塩会社前埋立地に到着。塩田を視察された。途中、車で清代の砲台やオランダ時代のゼーランディア城遺跡をご覧になった。総督府専売局の池田幸甚局長の案内のもと、海水の導入、自然光を利用した天日塩の製造工程、吸水作業のプロセスをご覧になった（写真）。殿下は、塩の工程や台湾と本土の塩製品の違いなどについて詳細に質問された。

　その後、総督府殖産局附属塩水試験場で、様々な種類のエビ、魚、貝の人工養殖の実験の様子などをご視察された。


　11時40分、殿下は台湾歩兵第二連隊に到着された。皇太子殿下（前方の木陰で敬礼をしている）は、分列式（陸軍礼式の一つ）の部隊を観閲された。

　分列式は、台湾歩兵第二連隊傘下の第五、第六、第七、第八中隊および山砲兵第二中隊で構成されており、さらに台南憲兵分隊や台南陸軍病院の官士兵も含まれていた。観閲後、殿下は営区内にガジュマルを植樹された。

12時20分、御召列車は台南駅を出発し、高雄《たかお》へと向かった。高雄州知事・富島元治《とみしまもとじ》と州内の主要な官員は台南駅で列車を迎え、共に南下した。殿下は車内で食事をとられた後、13時28分に高雄駅に到着した。高雄駅では、州庁の官員、総督府の評議員、陸軍駐高雄の歩兵中隊、帝国海軍の儀仗隊、在郷軍人、篤志看護婦人会、愛国婦人会、学生、高齢者代表、高雄州協議会の会員などが集まり、お迎えした。写真は高雄駅の奉迎門の様子。

その後13時35分に高雄山（現在の寿山）にある御泊所に到着した。14時5分には高雄州庁に入られ、富島知事らから奉迎の儀式を受けられた。

14時30分、殿下は高雄第一尋常高等小学校（現在の鼓山国民小学）を訪問された。学校では、第一小学校尋常科6年生男子の「地理」、尋常科5年女子の「算数」、そして第一公学校（現在の旗津国民小学）6年生の「国語」の授業を視察された。

14時50分、皇太子殿下一行は高雄港の埠頭に到着した。高雄港は明治33（1900）年に埋立てが始まり、明治35（1912）年に第一期の築港工事が完了した。殿下が訪れた際は第二期の工事が進行中であり、帝国南部最大の港である高雄港は殿下の重要な行程の一つであった。

皇太子殿下が御召艇で港を視察されている間、港の関係者は数百隻の竹筏を使って漁の網を打つパフォーマンスを行った。四隻の二人乗り竹筏が一組となり、それぞれの漁夫が巧妙に漁を行った。

迎

皇太子殿下一行が漁師の円形投網《とあみ》の熟練した漁法に感嘆している間に、御召艇は旗後《きご》海域に到達した。突然、太鼓の音が響き渡り、前方に赤、白、青の3艘の龍舟が現れた（写真）。龍舟の漕ぎ手は旗後の萩原造船場の従業員から厳選されており、競技の説明を受けた殿下は、この競技が台湾の伝統的な「龍舟競技」であることを知った。

競技が終了すると龍舟の選手たちは一斉に漕いでいた手を上げ皇太子殿下に敬礼した。殿下は喜びながら、手を上げて返礼した。その後、一行は15時40分に高雄港の埠頭に戻り、御泊所へ向かった。

夜、高雄駅前の門柱型奉迎門は一層華やかな灯火に照らされていた。この奉迎門は、白色の外観に、熱帯南国の風情を特に象徴する檳榔《ビンロウ》の葉やアガベの浮彫装飾が施され、非常に華麗だった。高雄市内の街灯が明るく輝くだけでなく、高雄港も至る所に装飾灯が施され、港内の船舶も灯火装飾を施しており、船体の輪郭が夜の闇の中で際立っていた。

迎

桁違いの電力使用量

当時、高雄街の平日夜間の電力消費量は約2万カンデラ（燭光）だったが、皇太子殿下のご訪問期間中、各地の電灯装飾照明による電力使用量は35万カンデラにまで増加した。

2万カンデラの明るさは、今でいう車のヘッドライト程度の明るさである。大正12（1923）年は高雄全体で車のヘッドライト一つ分の明るさで生活していたことになる。ご訪問時に使用された35万カンデラは、今の軍や大型船舶、空港で使用される探照灯の明るさである。ご訪問時の照明によって、高雄に住む人々は日常とは違う不夜城になったように感じたであろう。

高雄の街は、桁違いの電力を消費して皇太子殿下を奉迎したのである。

高雄の各界による奉迎提灯行列は、19時30分に信号弾で夜空が照らされる中、高雄州庁前から始まった。州庁の左側から出発したのは各中学校や尋常小学校の生徒たちで、右側からは湊《みなと》町《ちょう》、新濱町《しんはまちょう》、山下町、堀江町、鹽埕町《えんていちょう》、入船町、哨船町《しょうせんちょう》、旗後町《きごちょう》の住民たち、総勢は1万人以上にのぼった。大勢の人々は奉迎曲を歌いながら進み、最終的には高雄山の麓に集まり、「万歳」を三唱した。写真は遠くから見た高雄街の夜景で、後方には旗後町があり、海上には「奉迎」や「万歳」の灯火が立てられていた。

4月22日　高雄↓屏東↓高雄

9時40分、御召列車は高雄駅から屏東《へいとう》へ向けて出発した。途中、鳳山《ほうざん》駅では地元の農村民衆約3千人がホームで国旗を掲げて奉迎した。殿下は車内から手を挙げて応じた。高雄州の細やかな手配の下、後庄駅を通過する際には数十台の伝統的な牛車が並んで走行し、九曲堂《きゅうきょくどう》駅の近くにある鳳梨（パイナップル）畑では巨大なパイナップルの模型（写真）が展示されていた。また、下淡水渓《かたんすいけい》（現在の高屏《こうへい》渓《けい》）の鉄橋を通過する際には、川上に40隻以上の竹筏が並んで「奉迎」の文字を形成した。

10時30分、御召列車は屏東駅に到着した（写真）。白い海軍少佐の軍服を着た皇太子殿下は、屏東駐軍、陸軍屏東飛行場の官兵、在郷軍人会、各級学校、愛国婦人会、屏東少年義勇団、そして数万人の民衆によって沿道で奉迎された。

10時40分、この訪問の目的地である台湾製糖株式会社阿緱《あこう》工場に到着した。この工場は明治41（1908）年に完成し、その後売上の拡大と技術改良を経て、アジア最大規模の製糖工場となった。工場では、山本悌二郎《やまもとていじろう》社長が従業員全員とともに広場前に並びお迎えした。

実は、日程が延期になった際、屏東は暑い、との理由で、行程から除外されていた。しかし殿下は「その暑い地の工場で働いている様子を見たい」と、屏東の工場を行程に入れるよう指示された。

山本悌二郎社長は皇太子殿下をまず工場内に案内した。工場の事務室内は33度、ボイラー室は48度にも上っていた。殿下は、暑さを気にせず、同社の日本全体における砂糖製品の占有比率や従業員の割合などについて質問された。

その後、山本社長は殿下をサトウキビ畑へ案内した（写真）。同糖廠はすでに機械化された収穫機器を導入しており、台湾製糖の鉄道を通じて、製品を迅速に高雄港へ運び、コンテナに積み込んで輸出することが可能であった。同時に、山本社長は殿下に対して、サトウキビの品種改良と耕作技術の向上に関する成果を報告した。その成果により、サトウキビの含糖量は、オランダや清の統治時代の数倍にも達した。

12時、殿下は視察を終え、台湾製糖株式会社の全員に見送られながら、車で屏東駅に向かわれた。

奉迎

写真は皇太子殿下が台湾製糖株式会社阿緱工場を出発される様子。この奉迎門は甘蔗《かんしょ》（さとうきび）を表材として作られており、非常に特徴的である。

12時9分に殿下は屏東駅に到着し、御召列車は12時10分に高雄へ向けて発車した。途中、皇太子殿下は車内の食堂車で食事をとられた。

13時ちょうどに御召列車は高雄駅に到着し、その後車で高雄山の御泊所へ向かった。

13時15分、皇太子殿下は御泊所に到着した。休憩と着替えを済ませた後、一行は高雄山に登り、山頂の涼亭から高雄の景色を見渡した。写真中、白い軽装で登山杖を手にしているのが皇太子殿下。

その夜、御泊所で食事を取り、19時には高雄港の舢舨《サンパン》や竹筏が灯火を灯し、海上で「万歳」の文字を形作って行進し、花火も打ち上げられた。

迎
奉

4月23日　高雄→馬公

8時、殿下は高雄港に向けて御泊所を出発された。8時10分、第二艦隊司令長官・中野直枝《なかのなおえ》中将の先導のもと、御召艇に乗り、御召艦に向かった。9時、御召艦は佐世保鎮守府傘下の馬公要港部がある澎湖島《ほうことう》に向けて出航、14時に馬公港の外海に到着した。この要港部は、南方の最も重要な海軍基地だった。

15時5分、殿下は御召艇で馬公要港部に到着された。飯田久恒《いいだひさつね》司令官からの拝謁を受けられた後、水交社で全軍官、澎湖群守、在郷軍人などの拝謁を受けられた。その後、港内北側の高台に登り、防衛の報告を聞いた。「千人塚」や「軍艦松島慰霊碑」を慰霊し、重砲大隊を訪問された。

訪問を終えた後、皇太子殿下は御召艦「金剛」に戻り、17時20分に礼砲の音とともに艦隊は基隆港に向けて出航した。

4月24日　基隆→台北

第二艦隊は一晩の航行を経て、7時35分に基隆港外海に到着。奉迎艦「木曾」の14㎝主砲が21発の礼砲を放ち、東宮殿下の帰還を迎えた。艦隊の水兵による登舷礼やホルンの曲、「金剛」、「比叡」、「霧島」、「木曾」などの艦船による礼砲の音が響く中、殿下は御召艇に乗り、港内へ向けて出発された。

皇太子殿下はまず御召艇から基隆のフランス軍墓地、仙洞巌、建設中の西岸の埠頭を遠くから眺め、基隆港務所に上陸。総督府土木局の基隆港増築計画を聞かれた。

10時、基隆港上陸。その後殿下は車で基隆重砲大隊を訪問された。その途中で高齢者、公立小学校の児童、生徒、愛国婦人会、青年団、消防団の代表者たちに迎えられた。

10時10分に営区に到着し、報告を受けられた。15㎝カノン砲と12㎝榴弾砲の演習を見学した後、記念植樹を行い、10時40分に出発された。

10時45分、陸海軍の高官、基隆の官員、地方の要人たちに見送られ、御召列車は基隆駅を出発した。

11時35分、御召列車は台北駅に到着し、皇太子殿下は再び台北市内へと向かった。駅前の歩兵連隊で編成された儀仗隊は奉迎門の左側に配置され、右側には文武諸官が整列した。11時45分、御泊所に到着。写真は栄町の風景。


殿下は御泊所内の食堂で昼食をとり、田健治郎総督以下の主要官員や宮内省の侍従が陪席した。総督府は特別に台北大稲埕の有名な酒楼《しゅろう》「江山楼」と「東薈芳」の店主を率いて一流の料理人を派遣し台湾旗亭《きてい》料理を提供した。

その後、13時18分に総督府博物館に到着。館長・生駒高常《いこまたかつね》の案内で館内を見学された。展示内容は、台湾の各民族の違い、動植物の標本、地質鉱産、台湾の古代文明や近代史など。14時10分、殿下一行は車で博物館を出発した（写真）。

【全島学校連合運動会】

この日、朝10時から圓山運動場で全島学校連合運動会が開催された。殿下の到着前には30の小学校、公学校、中学校、女学校、師範学校の生徒1万5019人による競技やダンスが披露されていた。

14時15分、殿下が会場に到着され、音楽隊が君が代を演奏すると、会場は一瞬静まり返り、全員が立ちあがって敬礼した。殿下は、伏見宮博義王と共に会場に入場した。

会場全体が最敬礼を行った後、殿下は返礼し、着席された。その後、相賀会長がその日の運動会プログラム表を手渡した。最初に、中学校以上の学生4800名が元気よく「体操演技」を開始した。その後、31番から51番の競技が進行する中で、皇太子殿下はその日のプログラム表を常に確認し、非常に熱心に観戦された。特に4回行われた各小学校・中学校の「リレー競走」では、殿下は選手たちを拍手で応援し、また相賀会長に競技の進行状況について頻繁に尋ねていた。

16時10分、競技は無事終了した。君が代が響き渡り、全員が起立して脱帽、「万歳」を三唱した。その後、殿下は手を挙げてお応えになり、会場を後にされた。

山神
成建
門南
旭

4月25日　台北

旅程の終わりに近づいた皇太子殿下は、清々しい一日を迎えた。小雨の中、皇太子殿下は御泊所から出発し、勅使街道を沿って圓山方向へお車で進まれた。圓山の明治橋を通過する前に、総督府は台湾特有の景観を殿下に披露した。基隆河の上では、30隻以上の小舟が優雅に進み、1万2000羽のアヒルを放養していた。養鴨家の指揮の下、アヒルの群れは前後に動き、時には左右に揺れ、まるで分列式《ぶんれつしき》のように進んだ。まるで天然の水墨画のような景色が広がっていた。

11時10分、殿下は新しく建てられた草山賓館《そうざんひんかん》に到着された。この日の殿下はライトグレーのスーツを着用し、麦わら帽子をかぶり、手に英国紳士のような雨傘を持っていた。

草山賓館の建物や設備を賞賛しながら、昼食のテーブルに置かれていた鉢植えに特に興味を示した。その鉢植えは台湾で珍しい八角蓮《はっかくれん》であり、観賞用だけでなく、毒蛇の咬傷《こうしょう》を治療する薬としても利用されることを知り、殿下は驚き、感嘆の声をあげられた。

14時5分、殿下は北投《ほくとう》に到着。北投温泉公共浴場（現在の温泉博物館）の二階に増築された休憩所で休息された。その後、北投石をご覧になり、草花樹木に興味を示された。

郵便はがき

1 0 0 - 8 0 7 7

85円切手を
お貼りください

東京都千代田区大手町1-7-2

産経新聞出版　行

お名前《フリガナ》	
性別　男・女	年齢　10代　20代　30代　40代　50代　60代　70代　80代以上
ご住所 〒 （TEL.　　　　）	
ご職業　1.会社員・公務員・団体職員　2.会社役員　3.アルバイト・パート 4.農工商自営業　5.自由業　6.主婦　7.学生　8.無職 9.その他（　　　　）	
・定期購読新聞 ・よく読む雑誌	
読みたい本の著者やテーマがありましたら、お書きください	

書名　昭和天皇と感動の台湾　写真で読む「東宮行啓」日本版

このたびは産経新聞出版の出版物をお買い求めいただき、ありがとうございました。今後の参考にするために以下の質問にお答えいただければ幸いです。抽選で図書券をさしあげます。

●本書を何でお知りになりましたか？

□紹介記事や書評を読んで・・・新聞・雑誌・インターネット・テレビ

媒体名（　　　　　　　　　　）

□宣伝を見て・・・新聞・雑誌・弊社出版案内・その他（　　　　）

媒体名（　　　　　　　　　　）

□知人からのすすめで　□店頭で見て

□インターネットなどの書籍検索を通じて

●お買い求めの動機をおきかせください

□著者のファンだから　□作品のジャンルに興味がある

□装丁がよかった　□タイトルがよかった

その他（　　　　　　　　　　）

●購入書店名

●ご意見・ご感想がありましたらお聞かせください

（ご回答いただいたご意見・ご感想は広告等で使用させていただく場合があります。）

皇太子殿下が御泊所に戻られた後、16時30分に文武官員や地方の名士を含む合計700名を招いた御賜《おんし》茶が開催された。この茶会は正式な宴会で、「君が代」が流れる中、全員が最敬礼で殿下に礼を尽くした。殿下の返礼後、茶会が正式に開始された。

茶会の内容は、さまざまな西洋風と和風の点心、甘味、果物、コーヒー、紅茶などが提供された。茶会終了後、参加者には菊の紋章が印刷された記念品が贈られ、来賓はその贈り物を持ち帰り、家族と共にその栄誉を分かち合うことができた。

御賜茶の招待者は主に台北州の官民で、台北州知事、市尹以下の一級官員が含まれていた。民間の人物としては、台湾電力の高木友枝《たかぎともえ》社長をはじめ、各総督府評議会のメンバーが招かれた。本島出身の主な人物には、辜顯榮、林熊徵、李延禧、王慶忠、洪以南、呉昌才、林祖壽、陳朝駿、何慶熙、陳天來、陳智貴、許丙、郭廷俊、楊潤波、歐陽光輝、林清月、黄東茂、林明徳、許梓桑、黄純青、林清山、魏清徳、謝汝銓、辜皆的、陳純精などが含まれていた。

4月26日　台北

9時、皇太子殿下の車列は台湾歩兵第一連隊営区に向けて出発した。

9時5分、連隊に到着すると、力強い「君が代」が響き、場内の全ての兵士が最敬礼で殿下に敬意を表した。続いて、皇太子殿下は連隊本部の将校集会所に入られ、東宮武官長・奈良武次《ならたけじ》、台湾軍司令官・福田雅太郎の同伴の下、第一守備隊司令部の司令官大川盛行、台湾歩兵第一連隊の連隊長鈴木義雄をはじめとする他の高級軍官たちに迎えられた。その後、司令官、連隊長、そして台湾山砲大隊第一中隊の高石中隊長から報告を受けた。

9時22分、皇太子殿下は名馬「群玉」に騎乗し、大川司令官の先導のもと、福田司令官に同伴されて台湾歩兵第一連隊の官兵の分列式を観閲された。部隊が通過する際、殿下は手を挙げて返礼された。その後、殿下は台湾山砲大隊第一中隊の重砲操演を視察され、最後に台湾歩兵第一連隊の軍刀術および刺槍術の演練を観閲された。

その後、殿下は営区内でガジュマルの植樹を行い、9時50分には台湾歩兵第一連隊を出発した。

9時55分、皇太子殿下は総督府専売局（現在の台湾菸酒股彬有限公司総公司）に到着した。池田幸甚局長が局内の職員とともに玄関で奉迎した。皇太子殿下の着席後、池田局長は同局が扱う塩、煙草、酒、樟脳、石油、アヘン、そして度量衡などの業務について報告し、その後、殿下を展示室に案内して実地で御覧いただいた。殿下は、台湾総督府の年間収入のほぼ40％を占める延伸製品に非常に高い関心を示された。

その後、近くにある南門工場を見学し、樟樹《しょうじゅ》製品を御覧になる際に、池田局長に「東《あずま》工業（東レザー）の原料はここから来ているのですか？」と質問された。

※東工業とは、鈴木商店、太陽レザー、久村清太の三者により設立した「東京レザー」を吸収し当時日本最大規模の工場を大阪で設立した会社。経営する事業が多角化したため、大正4（1915）年、「東工業」（帝人、北越東洋ファイバー、日沙商会の前身）と改称した。

11時20分、皇太子殿下は総督府専売局を離れ、御泊所へ戻られた。昼食後、二階で台湾に関する古文献や歴史資料を閲覧された。

13時に出発し台北第一高等女学校（現在の第一女子高級中学）へ向かわれた。同校の生徒と第二高等女学校の生徒650名が一緒に奉迎した。清水儀六校長と山崎熊次校長からの報告を聞かれた後、第二高等女学校2年生の「珠算」の授業をご覧になった。二階のバルコニーからは両校の生徒による「歌唱」授業（写真）を見学された。その後、第一高等女学校2年生の「地理」および「裁縫」の授業をご覧になった。

13時18分、皇太子殿下は台北第一高等女学校を出発し、車で植物園区にある大日本武徳会台湾本部へ向かった。会務報告を聞いた後、殿下は武徳会の道場内で柔道と剣道の試合を観覧された。その後、殿下は屋外に臨時で設けられた御座所（写真左側）へ移動し、相撲や一般的な伝統馬術、高等伝統馬術、弓道などの演技を観賞された。

各選手は皇太子殿下の前で技を披露できることを非常に光栄に思い、また誇りに感じた。14時17分、殿下は武徳会を出発された。

14時25分、皇太子殿下は日台共学の台北第三高等女学校（現在の中山女子高級中学）に到着された。田川辰一校長が率いる学生と、附属小学校の高学年の児童（写真右側）合わせて750名が奉迎した。校務報告を聞いた後、殿下は附属小学校2年生の「国語科」や、高等女学校4年生の「国語科」、3年生の「刺繍」、2年生の「歌唱」などの授業をご覧になった。牧野伸顕宮内大臣は、皇后の代理として、学校から贈られた刺繍作品を受け取った。14時45分、一行は出発した。

皇太子殿下は、再度圓山運動場を訪れた。当日、この運動場では8時20分から台湾体育協会が主催する陸上競技大会が開催されていた。台北市には14時30分に突然の豪雨が降り始め、殿下が到着した際には、新元鹿之助協会理事が奉迎の際に防雨のポンチョを手渡した。その後、殿下は会場に入り、すべての選手から敬礼を受けた。

当日の競技項目は、三種競技、100メートル競走、高跳び、遠跳び、障害物競走、バレーボール、1600メートルリレーなどがあった。写真はリレーで優勝した台湾鉄道団の選手が皇太子殿下下賜の銀杯を授与された場面。

殿下は16時10分に会場を離れる際、奉迎門の前で、太平町一丁目で労働に従事していた市民の陳成から拝謁を受けた。明治28（1895）年6月7日、陳成は母親の陳法、弟の陳水土とともに、日本軍が北門を越える際に協力し、台湾民主国（日清戦争直後に台湾割譲に反対する清の残党らが一時的に独立を宣言した）の敗残兵による焼討ち、強奪、誘拐を防ぐ手助けをした。

119
121

16時25分、皇太子殿下は圓山運動場から御泊所へ戻られた。少し休憩された後、台湾固有催物行列が始まった。この台湾固有催物行列は、元々4月25日に開催される予定だったが雨天のため1日延期された。しかし26日も雨だったため、やむを得ず雨の中で行われた。台湾固有催物行列は、地元の名士によって組織され、委員長には林熊徵、副委員長には呉昌才、主任委員には蔡彬淮と許丙が任命された。総計53の演技隊列で、参加者は2000人以上、パレード時間は57分にわたった。

鼓の音が鳴り響く中、皇太子殿下は伏見宮博義王とともに、総督官邸の玄関上方のバルコニーからパレードを観覧された。パレード終了後、殿下は慰労金として参加者に1000円を授けた。写真は「呉鳳成仁藝閣」の一場面。

「台湾固有催物行列」の演目

台湾の団体によって57分にわたって行われたパレードの演目は以下の通り。

最初に登場したのは「神龍献瑞」の巨大な龍の隊列で、龍が水を吹き出して殿下に敬意を表した。続いて、以下の演者たちが順番にパレードに登場した。

多寿多福多子を象徴する「華封三祝」、「聚英社南管」、「聞弦社南管」、「雅頌閣什音」、太平盛世を象徴する「撃壌鼓腹」、「義英堂北管」、「合義軒北管」、「長義軒北管」、「協義軒北管」、皇恩が広く行き渡ることを表現した「両階舞羽」、「金義社北管」、「神将行列」（金義社）、「晋義軒北管」、「三義軒北管」、周文王の仁徳を象徴する「鳳鳴岐山」、「慶安社北管」、「清義軒北管」、「神将行列」（義安社）、「義英社北管」、「神将行列」（義英社）、孔子の誕生時に麒麟が玉を吐き祥兆を現す「麟吐玉書」、「鳳音社北管」、「龍音社北管」、「三義社北管」、台南で生産された西瓜を奉納する「東寧貢瓜」、「興義団北管」、朱一貴の忠義の騎乗を表現する「義馬報恩」、「靈安社北管」、「神将行列」（靈安社）、鄭芝龍時代に台湾嘉義で開拓を行ったことを象徴する「侠客射鹿」、「共楽軒北管」、「神将行列」（共楽軒）、台南の節婦、辜林氏の忠節を表現する「節婦訓子」、「閨秀品茶」、「徳楽軒北管」、「呉鳳成仁」、「北港進香」、「聚楽軒北管」、李茂春の隠居修行を表現する「逸士種梅」、「平楽社北管」、「神将行列」（平楽社）、「孝子尋母」、「新楽社北管」、「仙人泛舟」、沈光文の善化植民教化を描く「遺老鋤薬」、「清和社北管」、

「神将行列」（清和社）、朱術桂の開墾と農業の教化を表現する「賢王課耕」、鄭成功の王妃董氏が勤勉に織布することを表現する「淑妃教織」、「同麗軒北管」、陳永華の妻洪氏の文筆の才能を表現する「才媛草檄」、「清華社南管」。

「神将行列」は皇太子殿下にとって初めての鑑賞であり、非常に感銘を受けられた。

この日、御泊所では訪問の日程の中で最も重要な御賜宴が開催された。台湾全島から83名が招待された。

大宴会場の正面には皇太子殿下の御座所があり、その前方左右にはそれぞれ長い列の客席が並べられた。右側の最前席には田総督が、左側の最前席には伏見宮博義王の座席が配置された。大宴会場は細心の注意を払って装飾され、百花が咲き誇り、室内には花の香りが漂っていた。殿下の御座の前には純銀製の菊の紋章が施された花瓶に美しい花が三つ置かれた。他の客席には同じデザインの花瓶が四つずつ配置され、夜の灯りに照らされて非常に優雅な雰囲気を醸し出していた。

18時、「君が代」が響く中、陸軍少佐の正装を着用し、大勲位菊花頸飾章と勲一等旭日大綬章を佩用《はいよう》した殿下が会場に到着された。全員が立ち上がり最敬礼を行った後、殿下は丁寧に返礼され、皆が着席し、御賜宴が始まった。

この日の料理は主に西洋料理が提供された。食器は皇室の紋章があしらわれた器を使用し、また、純銀製のナイフとフォークも用意された。さらに、最後のフルーツ用のナイフとフォークセットは、ゲストが記念として持ち帰ることができるようになっていた。

皇太子殿下は宴会の中心で終始ご機嫌で、時折ゲストと楽しく会話を交わし、和やかな雰囲気の中で食事が進んだ。

当日の主な来賓名簿は以下の通り。

宮内省からは牧野伸顕大臣以下、皇太子随行5名。

台湾総督府からは田健治郎総督、賀来佐賀太郎総務長官、菅野《かんの》善三郎《ぜんざぶろう》高等法院検察長、谷野《たにの》格《かく》高等法院院長、竹内友治郎警務局長、新元鹿之助鉄道部長、大島金太郎《おおしまきんたろう》中央研究所農業部長、吉田平吾逓信局長、堀内次雄医学学校校長など38名の官員。

台湾軍からは福田雅太郎司令官、佐藤小次郎参謀長、大川盛行守備隊司令部司令官など6名。

海軍からは軍令部長山下源太郎大将、第二艦隊司令長官中野直枝中将など5名。

台湾総督府の評議員として、高木友枝、台湾銀行総裁中川小十郎、津田毅一、辜顯榮、許廷光、楊吉臣、田村武七、赤石定藏、林熊徵、李延禧、坂本素魯哉、松岡富雄、黄欣、古賀三千人、藍高川、鄭拱辰の16名。

民間人として、安場末喜、枝徳二、角源泉、山本悌二郎、陳中和、蔡蓮舫、三好徳三郎、王慶忠、林献堂、井村大吉、三村三平など18名。

宴は19時20分に終了した。すべての来賓は応接室に移動し、各自菊の紋章が施された香煙を贈られ、コーヒーや紅茶などの飲み物を楽しみながら歓談した。その後、来賓たちは官邸の庭に移動し、新公園方向から打ち上げられた大規模な花火を鑑賞した。来賓たちは帰る前に、皇室菊紋が押された果物皿と菓子を贈られ、この素晴らしく華やかで喜びに満ちた夜は幕を閉じた。

会食は行啓の大事なイベント

『東宮行啓』では、会食のメニューが4回紹介されている。
その詳細は以下の通り

1．4月17日　台湾総督府内での昼食会
前菜、鶏肉の濃いスープ、大海老の冷菜、春鶏の詰焼き、牛テンダーロイン、龍鬚菜の冷菜、栗を使ったチーズケーキ、果物の盛り合わせ。

2．4月24日　台北御泊所での昼食会
総督府は特別に台北大稲埕の有名な酒楼「江山楼」と「東薈芳」の店主を率いて一流の料理人を派遣し「台湾旗亭料理」を提供した。そのため、関連する人物は事前に身体検査を受け、1週間隔離され、食材も何度も検査されて衛生状態を確保した。「江山楼」と「東薈芳」によって提供された。

　雪白官燕（燕の巣のミルクゼリー添え）、金銭火鶏（豚と鶏の挟み揚げ）、水晶鳩蛋（福州風ワンタン）、紅焼大翅（フカヒレ煮込み）、八宝燭蟹（蟹と豚等を蟹の甲羅に詰め揚げたもの）、雪白木耳（白キクラゲとマッシュルームのスープ）、炸春餅（揚げ春巻）、紅焼水魚（スッポンの煮つけ）、海参竹茹（ナマコとキノコのスープ煮）、如意翡翠魚（スズキとハムと春雨の蒸し物）、火腿冬瓜（冬瓜とハムのスープ煮）、八宝飯、杏仁茶。
3．4月25日　台北御泊所での御賜茶
様々な洋菓子と和菓子、甘味、果物、コーヒー、紅茶。
4．4月26日　台北御泊所での御賜宴
フランス風の甲魚のスープ、酒煮した新鮮なエビ、焼き牛肉、蒸し鶏肉、フルーツの盛り合わせ。

4月27日 台北→基隆

9時9分、皇太子殿下の御料馬車は台北駅玄関に到着し、その後直接徒歩で駅構内ホームへと進まれた。9時10分、台湾山砲大隊第一中隊による21発の礼砲が鳴り響き、それと同時に台北駅内では汽笛が一斉に鳴らされた。

御召列車がゆっくりと動き出し、見送りの人々が「万歳」三唱をする中、皇太子殿下は列車の窓から見送りの代表者に親しく答礼され、また連日の行啓に際しての精心な準備への感謝を述べられた。写真は、台北駅玄関で皇太子旗を掲げながら殿下を見送る御鹵簿儀仗隊員の様子。

10時、御召列車は基隆駅に到着した。基隆重砲大隊が21発の礼砲を発射し、その轟音は山々を揺るがした。また、港内に停泊するさまざまな船舶が汽笛を鳴らして敬意を表した。

新元鉄道部長の先導のもと、皇太子殿下は宮内省の随行者や田総督以下の総督府主要官員、各州知事とともに基隆駅を出られた。海軍軍楽隊は「君が代」を演奏した。港へ続く道中、帝国海軍の儀仗隊や基隆の各界関係者、一般市民から最敬礼をもって見送られ、皇太子殿下は雨の中、左右の見送り者に向けて挙手の礼で応えられた。

10時5分、皇太子殿下は徒歩で桟橋に到着された。接続用の御召艇に皇太子旗が掲揚され、第1桟橋には駆逐艦「榊」、「柏」、「松」、「杉」の4隻が、港中央には巡洋艦「木曾」が停泊し、第3桟橋には大小の商船がそれぞれ満艦飾で送迎した。

港内では基隆の各公立小学校の教師や児童、一般市民が桟橋に集まり、「万歳」を三唱して感動的な見送りを行った。

10時25分、殿下は御召艦「金剛」に乗船された（写真）。防波堤外に停泊していた「比叡」と「霧島」の2艦も同様に満艦飾で皇太子殿下をお迎えした。

皇太子殿下は艦内の御座所にて、総督府および台湾軍の首脳陣から最後の単独拝謁を受けられた。11時に「君が代」が響く中、艦隊はゆっくりと進み始めた。この時、基隆砲兵が再び21発の礼砲を発射し、和平島に集まった民衆からは「万歳」を高らかに叫ぶ声が響いた。同時に、先に汽艇に移った台湾の各官員やその他30隻の大小の汽船が次々に後を追い、見送りを続けた。皇太子殿下と伏見宮王は「金剛」の後部甲板に立ち、帽子を脱ぎながら手を振り、別れを告げた。

12日間にわたる旅は締めくくられた。

5月1日午前7時30分、皇太子殿下と随行者一行は無事に横須賀港に到着された（写真）。

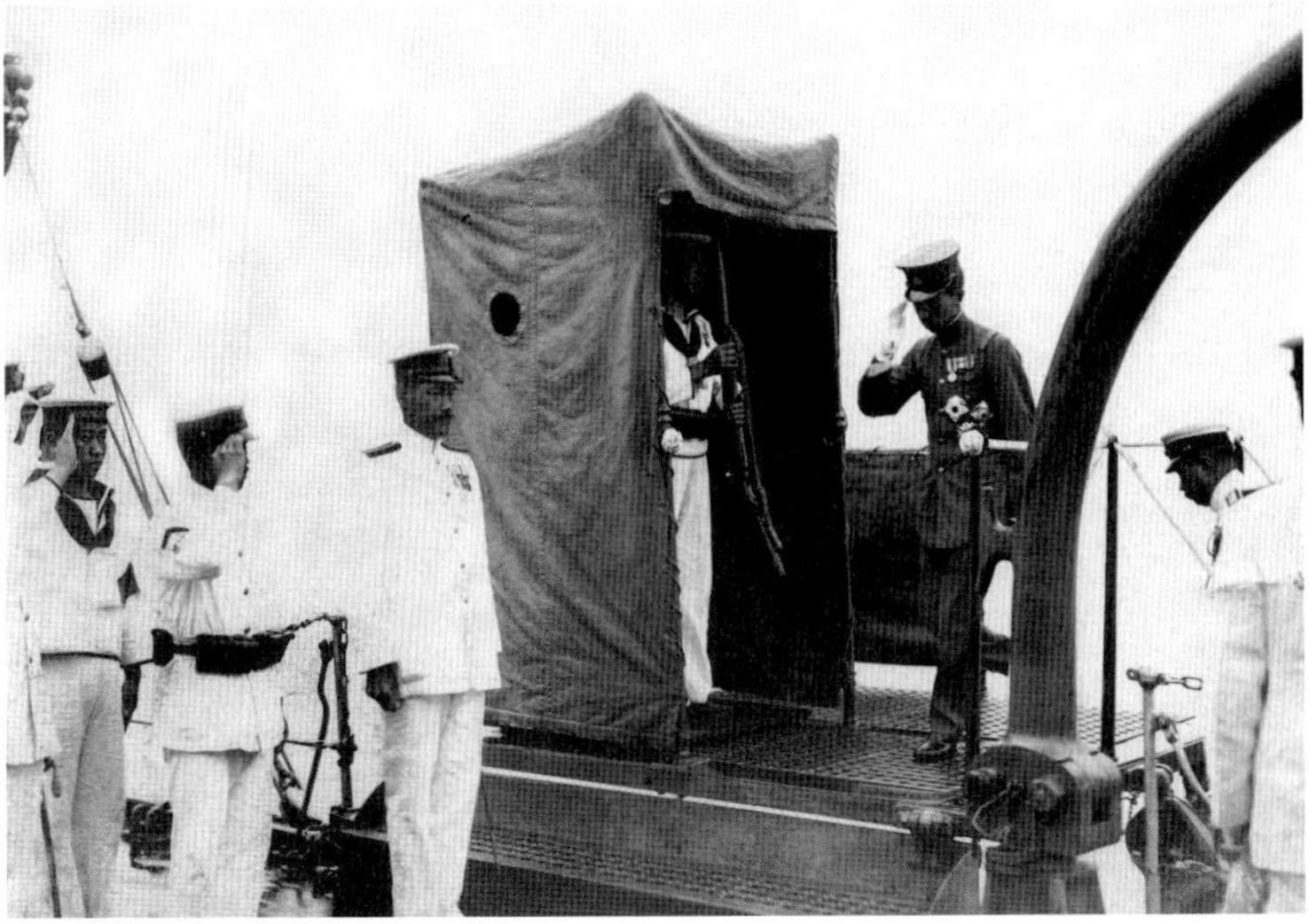

第2章

『東宮行啓』を読む

1 『東宮行啓』著者インタビュー

郭双富氏インタビュー　日本は台湾を重視していた

写真は事実を物語る

郭　どうぞ。台湾で一番美味しいと言われる、阿里山のお茶だよ。

三荻　わぁ、香りが良いですね！　とてもおいしいです。

郭　うちでお茶を飲む習慣は、日本に留学した父が持ち帰ったものなんだ。私の父は、終戦前に日本へ留学してたね。その時にカレーライスやお茶、味噌汁などが気に入ったんだって。それで我が家の食卓には、日本の食文化がたくさんあったわけ。

　カレーや味噌汁、辛いでしょ。だからお茶を飲む。

三荻　面白いですね。郭さんのお父さんも日本との縁が深かったんですね。でもまたどうして昔の写真に興味を？

郭　それも父抜きには、語れないね。私の父は終戦後、台湾に帰ってくると、鉄工場を経営するようになったんだけど、仕事の都合上、お客様に商品を渡す前に、必ず写真で記録しなきゃいけなかったんだ。だから、子供のころから家にはカメラがたくさん転がってた。それでカメラがとても身近なものだったんだね。大人になると、今度は写真に興味を持つようになったんだ。

三荻　それで写真を集めるようになったんですね。

郭　たぶん日本統治時代の写真は、台湾では私が一番たくさん持ってるんじゃないかなぁ。ほら、これが『東宮行啓』のベースになった写真集。

三荻　おぉ、本物だ！　当時は誰が持っていたものですか？

郭　総督府のものだと思うよ。日本が撤退して国民党に接収されたときに、どういうわけだか新聞記者の手に渡ったみたい。

三荻　日本時代からずっと、大切に保管されて来たんですね。大正13年5月の日付が見えます。

郭　ご存知の通り、今の天皇陛下は以前、イギリスへ留学されてたでしょう。私の知り合いに、徳仁親王とイギリス留学中に知り合ったマスコミ関係者がいてね。

　実はその人を通じて、この写真集（『東宮行啓』）を、ご即位の1週間前に、5冊差し上げたんだよ。

三荻　それは画期的なことですね。ちなみに、『東宮行啓』の写真は、どうやって選んだんですか？

郭　写真は、この3冊の写真集（台湾総督府によって、台湾行啓時の記録写真が当時3冊にまとめられて

郭双富氏と台湾で出版された『東宮行啓』

いた）の中からセレクトしたもの。他にも、当時の雑誌なんかに載った写真もあるけどね。

三荻　キャプションや解説文は？

郭　総督府や台北市、警察の記録を参考にしているよ。

裕仁親王殿下が台湾に来られたのは、大正12年（１９２３）４月のこと。例えば当時の台北では市政府が殿下を案内し、その記録を残した。小説のように想像で書いたものではなく、事実に忠実に書かれたものだよ。

三荻　行啓の記録を読みましたが、確かに細かい。どこどこを右に曲がって、今度は左に曲がって…みたいな記述ばかりですよね。あんなにも詳細な記録が残っていることにびっくりしました。

郭　私自身は、趣味や興味で写真を集めているんだけど。文字の記録を読んでるだけでは当時の本当の様子はわからないでしょ。でも写真を見るとより鮮明に想像することができる。だから写真が大事なんだ。

三荻　『東宮行啓』でも、街の人々がどういう雰囲気、表情でお迎えしていたのか、写真を見ると一目でわかります。

郭　私はね、子供のころから台湾の土地を大事に思っている。

あの時はこの地を日本が統治していたけれど、それは台湾人が自分たちで決めたことではないでしょう。そして今も、世界はまだ正式に台湾の独立を承認してくれていない。

私は、台湾の歴史をもっと知りたいと思っているんだ。どのような道を歩んで来たのか、もっと知りたいと思って、その興味で写真集をいっぱい集めてきたわけだ。

実は一攫千金を狙っている

三荻　台湾が好きだからこそ、その歴史を正しく知りたいと思うわけですね。ここの資料は、その思いの結晶のようなもの。でもこれらって、どうやって手に入れたんですか？

郭　行啓の写真は、当時の総督府の広報部の人か、あるいは新聞社の記者が撮影した写真だろうね。総督府が管理していたものだけど、終戦後は、総督府の役人たちも日本に戻った。その時に、新聞社の手に渡ったようなんだ。私はその新聞社の人から購入したんだよ。

他の資料も誰かから譲ってもらったり、オークションで落札したり。

三荻　それが積み重なって、この部屋いっぱいの資料になったわけですね。これだけ集めるのには相当時間がかかると思いますが……。

郭　だいたい30年前くらいからかなぁ。探し始めたのは。これだけ集まるとすごいでしょう。日本時代の写真は少なくとも5000枚、6000枚、もしくは1万枚ぐらい持っていると思いますよ。台湾元で1000万元以上は費やしています。

三荻　1000万台湾元って、今のレートで5000万円！

郭　「ビリー・ザ・キッド」知ってる？

三荻　西部劇の？

郭　ビリーは無法者で、窃盗や殺人を繰り返していた。やがて警察に逮捕もされて大々的に報じられるんだけど、顔写真がなかったんだ。

ところが最近になって、ビリーが生前に撮った写真が一枚出てくるんだ。誰かが大切に持ってたんだね。オークションに掛けられたんだけど、いくらで落札されたと思う？

三荻　アメリカドルで1万ドルくらい？

郭　230万ドル。すごいでしょ。当時の台湾元でも2000万元くらいだったよ。実は私はね、そういう一攫千金も狙っている（笑）。

貧しい時代に最高のお迎え

三荻　『東宮行啓』の中に蕃人（当時の呼称、高砂族など）の人たちが皇太子殿下の前で踊っている写真がありますね。これはとても印象的でした。

郭　台湾は清の時代も統治される側の存在だった。一般の台湾人からすれば、統治者が清から日本に代っただけのこと。統治されていたことに変わりはなかったんだね。

彼らも、統治者が変わったことは理解していたはずだよ。もともと原住民は、日本時代だけでなくて、清時代も激しく抵抗していたんだね。誰も管理なんかできなかったんだよ。山の奥で、自給自足で生活していたしね。

だから、急に外からやってきた政権が管理しようとしても、そりゃあ、自分の領地を侵略されているように感じて抵抗するだろうね。

三荻　原住民による抵抗運動は、かなり激しかったみたいですね。

郭　日本政府も最初は高圧的に抑えていた。徐々に学校を設立するなどして、彼らに寄り添うような政策を行うようになってきてね。そうすると原住民の子の中からも、立派な職業に就く子が出てきたりするんだ。そうやって次第に日本統治への理解が浸透し、原住民も落ち着いてきたんだと思うよ。農作の仕方を教えたり、生活のための知識を教えてあげたりしていたしね。

三荻　当時の行啓記録を読んでいると「一視同仁《いっしどうじん》」（すべての人を差別せず、平等に愛し、分け隔てなく接することを意味する四字熟語）という言葉がよく出てきますね。殿下は、内地人も、本島人も、蕃人も、皆に同じように接された、と。

郭　そもそも、初代の文官総督である田健次郎は、台湾人に対して、文化的にも精神的にも内地の人間と同じ扱いを行う内地延長主義を掲げていた。地方自治の形で台湾の州庁制が実施されるにしたがって、教育、交通、産業などのインフラが次第に発展していった。その結果として地方における民生の安定へとつながったわけだ。

殿下の台湾訪問が実現したのは、こうした日本統治の成果があってこそのことだよね。

三荻　また殿下の台湾ご訪問もまた、いろいろな効果をもたらした。

郭　裕仁皇太子は一国の皇位継承者でしょう。統治下にあった台湾を視察することを望んでいたんだね。これは日本が台湾を重視していたということを表していると思うんだ。私はまずそのことに感動したよ。台湾人民としては当然大歓迎だ。

写真には、台北駅前から田舎まで、奉迎門を建てたり、各家に旗を立てたりしてお迎えした様子が写っているでしょう。あの貧しい時代に、このような最高の歓迎をした。写真を通して、そのことを見ることができて、嬉しく、誇らしい気持ちになったよ。（令和5年4月1日、郭双富氏事務所にて）

王佐榮氏インタビュー　日本は良い仕事をしてきた

学校では教えられなかった「日本統治時代」

三荻　王さんってずいぶんとお若く見えますが、おいくつでしょうか？

王　私は、昭和37年生まれです。

三荻　えっ、「昭和」（笑）？

王　西暦よりも昭和～年と言われた方がピンと来るでしょ（笑）。私は、普段から元号を使っているんですよ。

三荻　思ってもみなかったので、ビックリしました（笑）。王さんは日本語が流暢ですが、日本統治時代の研究をお仕事にされているのですか？

王　いえいえ。私は研究者ではなく、広告代理店を経営しています。トヨタ、ＳＵＺＵＫＩ、いすゞ、マツダなどの自動車関係や、女性用品のユニ・チャーム、食品会社の味の素など、様々な日本企業のマーケティングに携わってきました。

だから、もともと統治時代のことはほとんど知らなかったし、興味もありませんでした。統治時代について勉強し始めたのは、ここ10年くらいのことですかね。

三荻　へ～、そうなんですね。きっかけは？

王　現在の台湾の総統は、民進党の頼清徳ですが、10年ほど前に、国民党の馬英九が政権を握った時期（２００８年）がありましたね。当時の馬英九総統は、日本による台湾統治を否定する発言をしたことがありました。私はそれに強い憤りを感じました。

というのも、私の祖父はかつて総督府で働いていました。父も日本統治時代に生まれ、日本人として青春時代を送りました。馬総統の発言は、祖父や父の人生まで全否定しているように聞こえ、どうしても許すことができませんでした。この時をきっかけに、日本統治について独学で調べるようになりました。

王佐榮氏

三荻　そうだったんですね。王さんは、勉強する前は、日本統治時代について、どういう印象をお持ちだったんですか？

王　ほとんど何も知りませんでした。だって、学校でも教えられていないんですから。

ただ、祖父は明治39（1906）年生まれで台湾統治を体験しています。つまり、祖父は、生まれた時から日本人だったわけです。当然、日本名も持っていました。父方は岩永。これは『君が代』の歌からとっているようです。母方は芝山。士林《しりん》（台北市の市轄区）の出身でしたから、芝山巌《しざんがん》（士林区の行政区域。日本統治時代に小学校「芝山巌学堂」を設立した地）からでしょうね。

そういう縁はあるものの、学校教育では何も教えてくれませんでしたねえ。

三荻　学校で教えないんですか⁉

王　ええ。私が学校教育を受けた当時、清朝時代のことは教科書に載っていましたが、日本統治時代の50年をすっ飛ばして、いきなり戦後の話に飛んでしまっていました。だから、「学校では教わることのない空白の50年、台湾でいったい何があったの？」という問いは、私と同世代の台湾人が等しく持っていたことなんですよ。

カラーで甦る統治時代の写真

王　ところで、この写真集を見てください（李火増氏の写真集）。表紙の写真、いつ撮られたと思いますか？

三荻　うーん。おしゃれなワンピースを着て、蓄音機で何か聴いていますね。昭和30年代とかですか？

王　実は何と、1939～40（昭和15～16）年ごろの写真なんですよ。びっくりするでしょ？

三荻　えー！　戦中ですか。驚きです。

王　テキストだけだと、書いた人の主観で表現が変わってしまいます。一方、写真というのは嘘をつかない。そもそも、真実を写すから「写真」というのです。だから私は、統治時代の様子を知ってもらうために、写真集を出しているんです。

とは言っても、今どきモノクロ写真だと、古臭い印象がして、若い人には興味を持ってもらえないでしょ。だからモノクロの写真をカラーに変換する一手間を加えているんですよ。

三荻　なるほど～。カラーにすると、華やかですね。人々も活き活きとして見えます。

王　ＡＩで適当に色をつけているわけじゃないんですよ（笑）。一つ一つ時代考証して、慎重に色を決めています。でもそうやって色を付けることで、古い写真が鮮やかに生まれ変わって、若い人たちも興味を持ってくれるんです。

そのためには、建物や人の服の色を、きちんと考証しないといけない。一枚の写真の色を付ける時間としては、２～３時間ほどです。でも、そのための資料を調べるのが大変で、一枚にひと月ぐらいかかります。私ひとりでは手に負えないので、専門家の方々に教えてもらわないといけません。

李火増氏の写真

ところで、三荻さんは、着物を着ることはありますか？

三荻　はい、ときどき着ます。

王　私のような台湾人にとって、一番難しいのは着物です。着物の布地や帯の色をどういう色にした方がいいか、いつも悩むところです。

三荻　着物にも細かな作法が色々とあるので、よく着ている人とか、和服の専門家とかに聞かないといけないところもあるのかもしれませんね。

それに、そうやって時間を費やして調べても、どの色に選択するか、迷うことも多そうな気がします。最終的に王さんが決められるんだと思いますが、その決断ってすごく重いものなんだろうなと、尊敬します。

王　いえいえ。私は良い友達に恵まれていて、本当にありがたいです。私の知り合いには、軍服、和服、鉄道……、色んな分野の専門家がいるんですよ（笑）。

とはいえ、もし私が間違ったら、次の100年の人はね、もうみんなドミノみたいに間違い続きです。だから、ちゃんとしないと、次の世代に間違った情報を残してしまうと思って取り組んでいます。色だけではなく、説明文を考えるのも大変でした。その時の人々は、どのようなことを考えていたんだろうかと、想像しながら文章を考えます。

写真家の李火増さんは戦前、お金持ちのお坊っちゃんだったので、高価なカメラをぶら提げて、いつも台北の風景を中心に、いろんなところをパシャパシャと撮っていました。ところが、戦後は、撮りためた写真を隠していたようです。遺族から写真を譲り受けたのは、つい最近のことです。

三荻　写真に映っている街中がとても綺麗ですね。ごみなどが全く落ちていなくて、整然としています。

王　そうでしょう。建物にステンドグラスが使われていたり、町の屋台では、今でいうインスタントラーメンが売られていたり。

三荻　屋台でインスタントラーメン！

王　実は日本より早いかもしれませんよ。

この写真を見てください。私が、日本の統治時代について、もっとも衝撃を受けた写真です。ここ、なんて書いてあるか分かりますか？

三荻　コーヒー。冷やしあめ。

王　テレビなどで耳にする日本統治時代の話は、日本人ばかりが裕福で、台湾人は貧しかったとか、コーヒーなんて贅沢品で台湾人には手が届かないものだった、などという類のものばかりでした。ところがこの写真を見ると、子供の通学路にある屋台で、コーヒーや冷やしあめが売られているのが分かりますよね。つまり、コーヒーは、日本人だろうと台湾人だろうと、誰でも飲むことができたわけです。「あれ、今まで聞いてきた統治時代のイメージと違う！」と気付いて、統治時代について調べてみよう、と思うようになったきっかけの一枚ですね。

三荻　なるほど。やはり写真だからこそ分かる部分があるわけですね。

写真を通して東宮行啓の空気感を伝えたい

三荻　実は、私は『東宮行啓』に載っている場所を、「グーグルマップ」のストリートビューを使って、一つ一つ位置確認し、実際に巡ってきました。

王　はい、ユーチューブチャンネルにアップしている動画を観ましたよ。とっても面白い試みですね。行ってみてどうでした？

三荻　台北は、当時の建物がまだ残っている場所が多いので、100年前の行啓時の写真と現在の建物を見比べながら町を歩くのは、とても感慨深かったです。補修などしながら、こんなに大切に使ってくださっている、というのは、日本人としては嬉しいことです。

王　皇太子としての立場で台湾に来る、というのは、国家としての意思表示に他なりません。日本が「台湾統治を重視していた」ことの表れですから。そして実際、日本政府は、総督府を始め、学校や工場など多くの立派な建物を台湾に作りました。

皇太子が台湾に来た年は、日本統治から28年目に当たります。もちろん、それまでにも他の皇族方が台湾を訪れておられますが、「皇太子が来る」というのは、まったく意味が違うわけです。

三荻　確かに、そうですね。

王　皇太子は台湾各地を見て廻られました。学校や産業なんかも視察されていますが、これは、「日本の統治はこんなに成功していますよ」ということを世界にアピールする目的もありました。というのも、それまで多くの日本人は、台湾に対して、「窃盗が横行し、不衛生で、荒れた地」というイメージを持っていました。こうした悪しきイメージを皇太子殿下行啓によって改める機会にしたいという考えもありました。

三荻　「化外の地」でしたからね。

王　清朝時代の台湾は、インフラも教育も行き届いていませんでしたから、違いは一目瞭然です。皇太子の行く先々、台湾の人々も奉迎に訪れていましたし、この目的は大成果を上げたと思います。

台湾各地で伝統的活動の演出がおこなわれました。特に4月26日にあった大行進では53種類もの演出がおこなわれ、２０００人以上もの人々が参加しています。

三荻　台湾を訪問された際の空気感や、当時の人々が皇太子訪問をどのように受けとめたのかを、当時の写真から明らかにしようというのが、王さんが目指されていることなのでしょうか？

王　まさにそうです。さきほども言ったように、写真なしのテキストだけでは、想像が追いつかないことが多い。

例えば「奉迎門」と言ったって、どういう建物かなんて、今の時代では分からないですよね。「提灯行列」にしても、実際に行われたのはもちろん夜です。でも、実はお昼には一般市民が行列をなして、殿下の顔を一目見ようと、今か今かと待ち構えていたりするわけでしょ。そういう当時の人の気持ちは、やっぱり生の写真を見て初めて見えてくるものなんじゃないかな。もちろん当時の人も、最初は殿下に対する尊敬の気持ちよりは、好奇心の方が強かったのかもしれませんが。

三荻　今でいえば、「大谷翔平が台湾にやって来る」みたいな感じでしょうか（笑）。

王　そんな感じかもしれませんね。そりゃ、今や世界的スターの大谷さんがもし台湾に来ることになったら、台湾国民は行列をなして見に来るでしょうから（笑）。

もちろん政府としては、誰も来なくて寂しくなってはいけないですから、ちゃんと人が集まるように声をかけたんだろうとは思います。でもやっぱり、好奇心を持ってスターを見たい、殿下を見たいという気持ちの方が強かったはずです。

だから、ああいう写真が残っているのです。これが写真の魅力。当時、台湾の人々が何を考えていたのか、写真を通じてひしひしと伝わってくるでしょ。

皇太子殿下は副社長⁉

王　『東宮行啓』の中に、巨大なパイナップルの模型を撮った写真が入っています。これは、パイナップルの生産者が、パイナップル畑の横を電車でお通りになる皇太子殿下に、「ここでパイナップルをつくっていますよ」とアピールするためのものなんですよ。

三荻　あの写真はインパクト大でした（笑）！

王　小さいパイナップルでは見えないから、わざわざ大きいパイナップルの模型を置いてお迎えしたんですね。中央の役人たちが考えたんじゃなくて、みんなで一生懸命、知恵を出し合ってこうなった。私も広告マンの端くれとして、100年前の人々のアイディアに、本当に感心します。

三荻　この写真、ほんとスゴイですよね。一枚の写真の持つインパクトの強さが、伝わってきますもん。

王　台北、新竹、台中、高雄……。当時、皇太子は、次から次へと移動して本当に忙しかったんですよ。言葉は悪いですが、「殺人的スケジュール」です。

それに、台北と高雄では、気候も全然違う。だから殿下の服装を見ても、台北では冬服だけど、高雄では夏服。同じ軍服でも、冬用と夏用があるんですね。

三荻　確かに一部、白い軍服をお召しになっていましたね。

王　こういう細かいところも写真から読みとれるんです。だからこそ、日本の方にも是非手に取っていただきたいというのが私の願いです。

それと、殿下が台湾にいらっしゃるにあたり、総督府や各地方で、何を殿下に見せるかが議論になりました。調べてみると、台湾文化を代表する獅子舞やドラゴンの行列、台湾の歌。そういったものを、殿下に見せて差し上げたようです。

これがなぜなのかを私なりに考えてみると、台湾という「会社」の副社長は、裕仁皇太子だと当時の台湾人が考えていたからだと思うんですね。将来社長（天皇）として会社を経営して頂くためには、会社の組織や社員にまつわる文化、生活をしっかりと理解していなければ、いきなり社長になっても、失敗するのは目に見えていますから。

三荻　なるほど〜。東宮が「副社長」で、その副社長にどうお見せするのかという視点は、すごく理解しやすいですね。ところで、どうして日本人に『東宮行啓』を読ませたいと思われるのですか？

王　戦後の日本人は、台湾や韓国あるいはアジアの国々に対して、「日本人が悪いことをした」という謝罪の気持ちを持っていますよね。そのことが私にとっては気がかりなんです。私は、他の地域のことはあまり知らないけれど、少なくとも、日本政府は台湾に対しては、良い仕事をしてきたと思っていますから。

だから、日本の皆さんにはぜひ自信を持って欲しいし、昭和天皇が台湾を訪れられた歴史についてももっと知っていただきたいんです。

「飲水思源」

三荻　そうだったんですね！　ところで、この本、最初は台湾人向けに出したんですよね。

王　はい、そうです。台湾には、「飲水思源《いんすいしげん》」という言葉があります。例えば水を飲む時には、水源地に感謝しないといけない。これが私の考えです。

私はマーケティングを専門としてきたから、政治的関心よりも、一般民衆の生活の問題、経済問題への関心の方が強いんですよね。今でこそ、我々は当たり前のように、電気や水道を使って、70歳とか80歳、人によっては100歳まで長生きすることができるようになっている。

でも、元々はそうじゃなかった。だから、今の生活を可能にしてくれた先人たちに感謝しなければならないと思っているんです。

三荻　今の台湾の平和や発展、インフラは、過去からの蓄積で出来ているもので、その基礎となった一つが、戦前の日本統治だった。そして、日本統治を考える上で、昭和天皇が皇太子として台湾を訪れられたのは大きな出来事ですし、知っておくべきことだということでしょうか。

王　そうですね。「飲水思源」の考えでは、もらったものがどんな小さな、些細《ささい》なものであったとしても、「ありがとう」という感謝の気持ちを持たなければいけません。

でも、それはあくまで結論なのであって、まずはどういう事実があったのかを知らなければ、そういう気持ちも湧いては来ません。

三荻　だから、写真を通じて日本統治の事実を紹介しておられるのですね。

王　はい。けれど、これは単なる日本びいきというわけではありませんよ。

たとえば、台湾ではかつて野菜のキャベツを食べる習慣はありませんでした。いま、台湾語でキャベツを「高麗菜（ゴーレーサイ）」って呼びます。私は最初、名前の響きから韓国由来の野菜だと思っていました。でも本当は、オランダ人が持ってきたものでした。キャベツをオランダ語で「コール」と呼ぶそうです。だから、我々がいま美味しいキャベツを食べられるのは、オランダ人のお蔭です。

つまり、なんでもかんでも政治に結びつけて、植民地にされたことの恨み辛みを言っていても社会は良くならない、と私は思っているんです。

三荻　いい話ですね。王さんが写真集を発刊されたお気持ちがよく伝わってきます。台湾の方々からの反響はいかがでしたか？

王　私は、メールや手紙をやっていないから、直接反響を感じることは少ないですが、5年前に発刊し、昨年（令和5年）も増刷がかかりました。初版の１５００部という数字は、台湾のマーケットから見ると、そこそこの数字です。

ちなみに東宮殿下の動画を作って配信したところ、私のチャンネルの全動画の中で閲覧数が二番目でした。数にして、20万人の人が見てくれています。コメントもたくさん寄せられていて、一番多い感想は、「知らなかった」「ビックリした」というもの。なかには批判的なコメントもありましたが、それは民主社会なら当然のことです。それ以外の90％以上はみんなポジティブなコメントばかりでしたよ。

三荻　実は、日本でも『東宮行啓』の話をすると、「それはどこで買えるの？」「欲しい」という人が多いんですね。でも日本の書店では売っていない。

王　今回、これを日本向けに出版できるというのは、かなり意義深いことですね。

三荻　しかも日本は、昭和１００年です。書店やエンタメ界も、昭和１００年でいろんな企画を行っています。そういうタイミングで出版できるのは、本当に意義深いことだと思います。

（令和6年4月4日、台北の料亭『青葉』にて）

2　解説『東宮行啓』

日本の台湾統治

明治28（1895）年、日本は清との戦争に勝利した。それにより台湾は日本の統治下に入ることになった。

台湾は、今でこそ近代的な発展を遂げ、観光地としても大人気。けれど日本の統治下に入る前は、〝未開の地〟と言われていた。

道路やトイレが整備されておらず、毒蛇に噛まれたり、マラリアや赤痢などの風土病にかかったりして亡くなる人がたくさんいた。

台湾平定に向かった日本の皇族だって、伝染病で亡くなっている。

だから日本政府は、まずはお風呂やトイレの整備から始めた。それから道路や交通機関などのインフラを充実させた。

学校もたくさん創った。日本から移住してきた内地人だけでなく、もともと台湾に住んでいた本島人、原住民らも、学校で勉強できるようになった。

それまでは女子が学校で勉強するなんて、とんでもないことだった。女子は家の事をするものだと考えられていた時代だ。

そんな台湾に、日本政府は女学校をたくさん作った。

男子も女子も、内地人も本島人も関係ない。皆が分け隔てなく教育を受けることができるようになったのだ。

工場もたくさん造った。

中でもパイナップルの缶詰工場は画期的だった。缶詰にすることで、海外にも輸出できるようになったのだ。皆がこぞってパイナップルの缶詰工場を始めた時期もあった。

日本が統治を始めて、台湾は劇的な変化を遂げたのだ。

やがて明治から大正へと時代は変わった。

小学校や中学校での教育を受けた本島人や原住民らも、立派な要職に就くようになった。それを見て、「山の奥で育った原住民であっても、こんなに立派になれるのか」と親や地域の人々は尊敬のまなざしを向けるようになった。

日本統治は本島人や原住民らの理解も得て、順調に進められていった。

ご訪問の同行者

大正12（1923）年4月12日、降りしきる春の雨の中、裕仁皇太子殿下は40人の随行員とともに列車で横須賀軍港にご到着された。

港には御召艦「金剛」並びに供奉艦「比叡」、「霧島」のほか、当時の大日本帝国海軍の最新鋭戦艦であった「長門」、「陸奥」、「山城」、その他大小数十隻の艦艇も寄港し見送った。

名だたる軍艦がずらっと並んでいる光景を想像するだけでワクワクする。

皇太子ご一行が無事にご乗艦すると、「金剛」「比叡」「霧島」は、正午近くにゆっくりと湾を離れた。

かつて殿下は皇太子として戦艦「香取」に乗り、戦艦「鹿島」の護衛の下、英、仏、オランダ、ベルギー、イタリアなどへ、随員30名を伴って半年間歴訪された。大正10（1921）年3月のことだ。

この度の台湾ご訪問は、それを上回る、新鋭戦艦3隻に随伴員40人という大規模なものだ。

主な従者は宮内大臣牧野伸顕、東宮大夫珍田捨己、東宮侍従長入江為守、東宮武官長奈良武次、東宮侍従本多正復、東宮武官犬塚太郎、東宮御用掛西園寺八郎、宮内大臣秘書官白根松介、東宮事務官戸田氏秀、東宮侍従甘露寺受長、東宮武官亀井茲常。

その人数は訪欧を超えているだけでなく、随員のほとんどが「宮内大臣秘書官」の肩書を持っていた。

台湾総督府及び各州庁の役人が戦々恐々としながら全力で歓迎したのも無理はない。

艦内のご生活

横須賀出航からの4日間。艦内でのご生活は殊の外、快適だったようだ。

殿下がご乗艦された御召艦「金剛」には、約1300人の乗組員がいた。

艦内では主に、供奉員たちとナインホールの「デッキゴルフ」を楽しまれた。殿下は見事な腕前で、またルールにも詳しかった。

ある者が間違えると、「それは違うよ。この場合はこうやるものだ」と一つ一つ懇切丁寧にアドバイスされた。またある者が、ボールの向きが反対になったまま打とうとしていると、傍まで寄ってきて、「それではボールの滑り具合が悪い」と、殿下自らボールをひっくり返したこともあった。

他にも柔道、剣道、相撲などの大会をご覧になり、管弦楽を楽しまれた。

波が高く、船が激しく揺れることもあった。さすがに殿下も船酔いされた。しかし若かったこともあってか、比較的早くご回復され、お食事やご歓談を楽しまれたようだ。

16日、いよいよ台湾上陸の日。

艦隊は基隆港に入港する前に、とある場所に寄り道した。1895（明治28）年、北白川宮能久親王殿下が上陸された場所だ。往時を偲ぶかのように、周辺をぐるりと廻った。その後、艦隊は、基隆港湾に向けて緩やかに北上し、いよいよ基隆港に到着した。

12日間に亘るご訪問はここから始まった。

艦内

電力不足を乗り越えた煌びやかな奉迎門

写真集『東宮行啓』の中でもひときわ目を引くのが、キラキラと光り輝く奉迎門（皇太子殿下を歓迎して飾り付けをしたゲート）だ。

台北駅をはじめとした各駅、街中などいたるところに建設された。

１００年も前の台湾って、こんなに煌びやかだったの⁉

美しく輝く奉迎門は、殿下のご訪問が公表された3月中旬ごろから作り始められた。『台湾行啓記録』（台湾総督府文書課）には、これらの奉迎門の目的は《国民の誠意を表すると同時に、行啓当日の景観を盛んにせんことを期》すと書いている。要は、みんなで盛大にお迎えしましょう、ということだ。

地域ごとに競うように奉迎門が造られていった。

例えば、最も大きな奉迎門である台北駅前広場のもの（43頁）は、高さは70尺（約21メートル）の大きなもの。漆喰の白が美しい奉迎門だ。１万１７０個の電灯も飾られており、夜も煌々と光り輝いていた。その工費は１万４６５４円（当時の大卒の初任給が約50円）で、市費から支出している。

一方、大稲埕にあった奉迎門（72頁）は、かなり凝っている。

台湾のお寺や廟に施されている屋根の形を取り入れ、柱を抱くように龍が彫刻されている。屋根の中央には太陽と鶴がつけられた「和台混合」スタイルだ。地元の住民がデザインしている。他の奉迎門と比べても、最も煌びやかだったようだ。経費数千円余りは地元住民が負担したという。

でも、全部が全部、こんなに格好良かったわけではない。

田舎の、それも寄付が集まらなかった場所なんかは、悲惨だ。がっかりするほど貧相な奉迎門になったところもあったようだ。お迎えする人々の熱意の差、地域が持っている技術力の差が、如実に出たのもまた奉迎門だった。

奉迎門だけでなく、主要な建物には、投光器やサーチライト、電灯が装飾された。一か所あたりだいたい数十個から1万個以上がつけられた。それらは夜中、明かりを灯していたというから、驚きだ。当時の台湾南部では、主に水力発電所で電力が賄われていた。台南市などでは、あまりに大量の電飾類が用いられたため、電力の供給が追いつかなくなった。そこで送電線を延長することになった。

しかしこれがかなり大変だったようだ。

送電線の距離があまりにも長かったため、電力の供給が不安定となったのだ。

そのうえ行啓の直前に、雷雨や暴風雨に襲われ、送電設備が故障。台南中が一度に真っ暗になってしまった。

しかもその復旧が意外と難しく、行啓に間に合いそうにない。

電気は奉迎装飾のみならず、当然ながら列車や御泊所や視察先にも使われている。このままでは台湾南部への行啓は中止されてしまうかもしれない。

行啓を前に、訪れた大ピンチ。

総督府始め、行政の人々は相当焦ったに違いない。行啓のスケジュールを大きく狂わせてしまうことになってしまうからだ。

考えるだけでもヒヤヒヤする。

苦労して準備した人々や殿下を一目見たいと思っている人々は残念がるだろう。何よりも、ご訪問を楽しみにされている殿下に申し訳が立たない。

そこで、殿下が行啓になる18日からの4日間は、急遽、普段は使用していない予備の火力発電所を運転した。

『東宮行啓記録』には《送電上遺憾なきを期したり》とあるが、華々しい電飾奉迎の裏側で、こうした苦労があったことを知っておきたい。

奉迎門以外にも、各戸に「日の丸」の旗を掲げたり、「奉迎」の大きな看板文字を設置したりするなど、奉迎の機運を盛り上げる工夫が各地で実施された。

例えば132頁のパイナップル（鳳梨）の模型は、《台湾物産合名会社九曲堂工場鳳梨園に鳳梨成熟の物約800個を用い高さ10尺幅7尺4寸の鳳梨模型を造》（同書）ったようだ。

成熟したパイナップル800個である。

どうやってくっつけたのだろうか、誰が発案したのだろうか、と興味は尽きない。高さ3メートルもある巨大なパイナップル模型を殿下にご覧に入れたいと工夫を凝らした当事者の方々の熱意が、ひしひしと伝わってくる。

殿下の台湾ご訪問の裏には、こうした台湾の人々の熱意があったのだ。

皇太子時代から「エンペラーウェザー」

令和元（2019）年、天皇陛下が即位を内外に宣言される「即位礼正殿の儀《そくいれいせいでんのぎ》」が皇居・宮殿で行われた。儀式が始まると、それまでの雨が突如止み、宮殿の上に虹までかかった。

その写真は「エンペラーウェザー」という言葉とともに新聞でも紹介された。

「エンペラーウェザー（天皇晴れ）」――それは「天皇には雨を晴れさせる力がある」という意味の言葉だ。

元々は昭和天皇のご聖徳、つまり天皇の偉大さを讃える際に使われた言葉のようだ。

ご存じの通り、〝エンペラー〟とは天皇を指す。

しかし実は、昭和天皇は皇太子時代からこの「お力」を発揮なさっていた。台湾行啓時にもたびたび〝目撃〟されている。

まずは行啓初日、基隆港ご上陸にあたっての場面だ。

基隆は「雨港」の名で知られるように、雨の多い地域。行啓前の3月23日ごろから、激しい雨が降り続いていた。

ところが殿下ご到着前日の4月15日。それまでの雨が止んだのだ。

そして翌16日は朝から快晴となった。

新竹地方でも同じような事象があった。

新竹をご訪問される前日の4月18日午後。新竹地方は激しい雷雨に見舞われた。夜になり雨がピタッと止み、19日は朝から快晴。各家に飾られた日の丸の旗が、風にはためき、日に照らされ、見事な行啓日和となった。

他の地域でも、こうした現象はたびたび目撃された。ここぞという時には、雨が上がり、良い天気となるのだ。

現地の人々は天照大御神《あまてらすおおみかみ》、つまり太陽の神様の子孫を意味する〝日嗣《ひつぎ》の皇子《みこ》〟としての神々しさを

る。

覚えたようだ。

天気の話は、『台湾行啓記録』や『台湾警察協会雑誌』など、当時の記録にことごとく紹介されてい

ちなみに平成28（2016）年7月12日付の産経新聞の記事によれば、台湾行啓から5年後の昭和3（1928）年に行われた即位礼正殿の儀でも、前日まで雨だったが儀式当日には晴れたという。

また昭和39（1964）年の東京五輪でも開会式の前日まで雨が降っていたが、昭和天皇が開会宣言をなさる時には青空が広がっていた。昭和47（1972）年の札幌五輪でも、前日までの雪が開会式当日には晴れた。

さすがは「エンペラーウェザー」という言葉の生みの親。

昭和天皇と天候にまつわる逸話は多いのだ。

ちなみに今上陛下は、かつて「昭和天皇の隔世遺伝」と言われたことがあった。大学院生時代の22歳の時、ブラジルをご訪問になった際のことだ。

殿下は大きなキリストの立像で知られるコルコバードの丘を訪れた。コルコバードの丘といえば、「午後から晴れるのは稀」と言われるほど、曇り空が多いことで有名だ。

ところが殿下がこの丘に登ったとき、なんと曇っていた空が晴れたのだ。

これは〝ナルヒト晴れ〟だとして、ブラジル中がフィーバーした。

地元の邦字紙で「天皇さま（昭和天皇）はご訪問の先々を晴れにされるが、浩宮さまはその〝お特技〟を隔世遺伝されていらっしゃる」と報じた（『週刊文春』1982年10月28日号）。

また、皇太子時代の平成19（２００７）年のこと。モンゴルにご訪問された。モンゴルは一年を通してあまり雨の降らない地域だ。ところが殿下の行く先々で雨が降った。しかし殿下がご到着される時には、すっかり上がっているのだ。

モンゴルでは、「徳の高い人は雨をもたらす」と言われている（『祖国と青年』平成19年９月号）。昭和天皇が台湾で発揮された〝雨を晴れさせる〟お力は、今上天皇にもしっかりと受け継がれている。

皇太子殿下の素顔――台湾行啓記録総督府版

皇太子殿下の台湾ご訪問は、大成功だったようだ。

台湾総督府が作成した『台湾行啓記録』に、その感動がありありと描かれている。

大正14（１９２５）年頃に完成したと思われるその資料は、４９００ページを超える。パソコンがない時代だ。文章を作るのも大変だが、印刷するのも一苦労だ。

活字と呼ばれる文字が刻印されたスタンプを一文字ずつ原稿通りに並べる。そこにインクを付けて、紙に写すのだ。

よくこんな大作を作り上げたものだと驚いた。総督府の感動と熱意は並々ならぬものだったのだろう。

私の知る限り、この記録は、現在は国立台湾図書館に所蔵されている。日本からこれを入手するのは難儀だ。

インターネットで「台湾行啓記録」と調べると、中京大学社会科学研究所台湾史研究センター編の同名の本がヒットするのだが、それは宮内庁版の復刻だという。殿下をお迎えした台湾側の公式記録である総督府版を何とか入手できないものだろうか。

そこで訪台の折に王佐榮氏に相談したところ、王氏が同資料のデータを探し出してくださったのだ。当初、数百ページの記録集だろうと甘く見ていた。ＰＤＦを開いたところ、総ページ数がなんと４９００ページを超えているじゃないか！

個人的経験から、資料を読むには電子データではなく、紙媒体が良い。ということで資料の膨大さに打ちのめされつつ、全てをプリントアウトした。そして「１００均」（１００円均一ショップ）で買った穴あけパンチで数枚ずつ穴を開け、ファイリングした。数冊の分厚いファイルが出来上がった。一仕事終えた達成感にしばらく浸っていたい気持ちは山々だったが、いざ気持ちを奮い立たせ、一つずつ読み進めた。

この記録は、全49冊で構成されている。

第1冊目の「台湾行啓の意義」から始まり、奉迎に関する内示事項や規定、各州の奉迎準備、行啓関連施設の整備、衛生に関する事項などが克明に記録されている。これだけで20冊。21冊目でようやく東京ご出発だ。そこから35冊目までが20日間の行啓中の記録となる。約１７００ページ余りだ。

その詳細さがご想像いただけるだろう。具体的にみると、

《庶民の奉迎裏に御鹵簿《ごろぼ》は博物館正面より右折し西に　本町通駅電車前を南に　栄町の辻を一直線に台湾総督府庁舎前を左折して　大道を東に　御泊所に到らせらる》

（庶民の奉迎の中を、お車は博物館前を右折し西に　本町通駅電車前を南に　栄町の辻を一直線に　台湾総督府庁舎前を左折して　大通りを東に　御泊所にご到着された）

といった具合だ。こうした実に細かな記述がひたすら続いているのだ。

36冊目からは、御沙汰書《ごさたしよ》や御下賜《ごかし》金品、恩赦《おんしや》名簿、行啓にかかわる決算などが記録され、49冊目の故北白川宮成久殿下御葬儀遥拝《ようはい》式の詳説で完了となる。

各地でのご訪問の様子などを見ていると、若干堅苦しい印象を受ける。皇太子殿下の行啓にかかわる行政の人々の緊張感の裏返しだろうか。はたまた公式記録という側面を持っているためだろうか。

だが時々、殿下と供奉者とのほほえましいやり取りが見える。

例えば、第27冊。

殿下が台南の州知事官邸でおくつろぎの場面だ。

官邸の庭園には、南国の花が美しく咲き実をつけていた。吉岡台南州知事が手入れしていたという。初めて見る花や木に興味津々の殿下は、次から次へと州知事にご質問なさっていた。田総督始め、他のメンバーものんびりとお庭を見ていた。

すると殿下が「これは結構なものだ」といって、木の上に実る未だ青い椰子《やし》の実に目を留められた。すかさず田総督が物知り顔で「それはまだ熟しておりませんよ」と申し上げる。すると殿下がにやりと笑みを浮かべ「椰子というのは熟すと水分が無くなってしまうものだ。熟す前のまだ青いときが、一番美味しいんだよ」と。

笑みを浮かべる殿下とたじろぐ田総督。そのやりとりを笑いながら見つめる周囲の者たちの様子が目に浮かぶようだ。

ちなみに植物に造詣《ぞうけい》の深い殿下は、各地で見る珍しい植物に興味津々だった。

台北・草山賓館でのこと。

卓上に飾られた草花の盆栽に興味を持たれた。近くにいた高田台北州知事らに「これはなんという草花か」とご下問。それが草山近辺に野生する八角蓮という植物で、毒蛇の咬傷に対しての特効薬になることをお聞きになった。

とにもかくにも、殿下は台湾中の珍しい草花に興味津々だった。

第30冊、高雄での登山の時のやりとりも外せない。

22日、高雄山（現寿山）登山に際し、殿下は白の背広に登山靴、皮のゲートルを巻き、白のヘルメットという軽装だった。

この日は特に暑かったようだ。

牧野宮内大臣や珍田東宮大夫は、暑さと山道が険しいから、との理由で、登山を欠席。田総督以下の者が一緒に登山することとなった。しかしヘルメットを用意していなかったため、とりあえず巡査用のヘルメットをかぶっていた。

あまりにおかしな恰好に映ったのだろう。それを見た殿下は、

「なんて奇怪な格好をしているんだ」

と笑いながら、横を通り過ぎて行った。

登山道は、殿下の為に、と前日に地元の人たちが綺麗に整備していた。殿下は「これでは自然を損なって、趣がない」とポツリ。続けて、「こんなにきれいな道になっているんだったら、牧野も珍田も来ればよかったのに」と漏らされた。

その後、東京では珍しい蝶がひらひらと飛んできた。殿下は帽子を取って、その蝶をつかまえようと暫く格闘なさった。しかしながらするりと帽子を交わして逃げて行ってしまった。

「惜しかった……」と残念がられる陛下を励ますかのように、同行者の一人が「その蝶は台湾にたくさんいるので、別に珍しいものではないですよ」と申し上げた。しかし殿下はつかまえられず残念だったようだ。

「台湾にはたくさんいても、東京では珍しいんだよ……」

と返された。

何となくお堅いイメージの昭和天皇。

でもこんな風に周りの人々と親しく接し、ユーモアで笑いをもたらす一面もお持ちだったようだ。

ちなみに高雄山は、その直後の殿下のお誕生日4月29日に、「寿山」と殿下によって命名された。登山のひとときがとても楽しかったのだろうか。

お迎えした人々の感想――台湾行啓記録総督府版より

この記録（『台湾行啓記録』総督府版）の中でもひときわ印象深いのが、関係者の和歌（第43冊）と感想文（第45冊）だ。いくつか紹介したい。
なお、和歌、つまり短歌のページには、詠み人の肩書は書かれていない。

福留喜之助
嬉しさを　何にたとへむ　畏《かしこ》くも　ひつぎの皇子《みこ》を　迎へ奉《まつ》りて

殿下をお迎えすることができて、またそのお姿を一目拝することができて本当に嬉しかった、という台湾に住む人々の素直な感動が伝わってくる歌だ。

武藤針五郎
この島に　二十《はた》とせ餘《あま》り　八《や》とせ経て　今日の吉日《よきひ》に　遇《あう》ぞ嬉敷《うれしき》

武藤氏はおそらく台湾割譲の当初から台湾統治に携わっているのだろう。「二十とせ餘り八とせ経て」の表現から、この28年間の苦労がしみじみと偲ばれる。殿下の行啓を仰げたことで、そのすべてが報われた、という気持ちすら伝わってくるような歌だ。

三木善彌
君が代の　千代を歌ひて　畏くも　日嗣の皇子を　仰ぐ今日かな

殿下のゆく先々で、「君が代」を歌いながら奉迎するというシーンが見られる。三木氏も一緒に君が代を歌ったのだろう。私も陛下を前に「君が代」を歌った経験があるが、鳥肌が立つような深い感激を覚えた。そういう気持ちを歌った「畏くも」という表現はよく理解できる。

第45冊には、奉迎に携わった役人だけでなく、お迎えした市井の人々や子供たちの感想が収録されている。

各地で奉迎門が設置され、家々に日の丸の小旗が掲揚されて殿下をお迎えしたが、当初、台湾の人々は、皇太子殿下の台湾ご訪問をそれほど重視していなかったようだ。

《（本島人は）初恰《はじめあたか》も内地からお客さんでも来られる様な心持ちでご巡啓の日をお待ちして居たのであったが、一度　殿下の御英姿を拝するに及んで今までの想像とは全く異って我が　皇室に対する尊厳の観念は彌《いや》が上にも加わり、本島統治上に一新機軸、一エポックを作ったことは確実である》（殖産局長　喜多孝治）

台湾統治が始まって28年。元々台湾に住んでいた本島人にとっては、皇太子殿下もただのお客さんに過ぎないと思っていたようだ。

そりゃそうだろう。

写真でしか見たことがない、しかも本当に存在するのかすら、わからないような方だ。そういう人が来るらしいから、一目見てみよう。そんな好奇心でお迎えしたようだ。

奉迎門を作るための寄付金や小旗の購入が呼びかけられたが、不満を漏らす人も少なくなかった。

ところが人々は殿下のお姿を見て驚いたのだ。

殿下は暑い中、御召車に幌をつけず、オープンカーのままで人々の前をゆっくりお通りになった。かつ左右を交互に御覧になりながら、ご会釈までなさったのだ。

みんな、「殿下と目が合った」「私にご会釈してくださったのよ」と大騒ぎ。

《殿下は未来の天皇陛下なる由如何程《よしいかほど》ご立派な御服装ならんと拝観を期待し居たるに普通陸軍の軍服を召され居たり　斯の如くご質素なることは意外なりし　又殿下のお側には軍隊、警察官で取囲み到底拝観出来ざるものと思ひつつ奉迎場所に赴きたるが全く想像以外にて良く拝観し得られ満足したり》

（本島人）

次の天皇になられる高貴な方だから、ご真影（額縁に入れられたお写真）にあるようなきらきらとした正装でお越しになると思っていた。ところが軍服のみの質素な格好だった。これにも人々は親しみを覚えた。

しかも御召車の前後に先導の近衛兵はいるものの、左右はがら空き。沿道の人々から殿下のお姿をしっかり拝することができた。

実はこれが良かったのだ。

というのも、清朝時代、台湾の高官のお出かけがあった。高官は籠に入り、四方を警備隊ががっちり取囲んでいた。人々は奉迎に訪れるも、全く姿を見ることができなかったのだ。

また奉迎者が手を振ったとしても、それに応えることもなかった。

偉い人とはそういうもんだ。

所詮、自分たち庶民とは交わることがない。

台湾の人々はそう思っていた。

だから殿下の服装が質素であり、また警備も最低限で、奉迎者にも丁寧にご会釈なさったことは、大きな驚きだった。

そしてそれは皇室への尊敬や敬意につながったようだ。

奉迎の準備にあたっていた市役所の職員の感想などはその裏事情が垣間見える。

《殿下行啓の内命一度伝わるや爾来《じらい》夜業を開始し退所する時刻は大概午後11時頃にて時には夜業終了後自宅に帰り睡眠し居る夜中、市役所より呼集せらるること縷々《るる》ありて其の苦痛は決して容易なるものにあらざれど　領台以来方《まさ》に三十有余年に及ぶ今日畏くも皇太子殿下の行啓遊ばさるる慶事に遭遇するは吾人の等しく栄誉とする所にして之等を思えば如何なる激務と雖も快く之に服すべし》（内地人）

今で言えばかなりの「ブラックな職場環境」だ。

奉迎の準備のため、残業は午後11時。疲れ果てて帰宅し、ようやく就寝……と思ったら、もう一度出て来いと、電話で呼びされる。市役所の職員たちは過労寸前だった。

ところが殿下のお姿を一目見た途端にそんなの一気に吹き飛んだ。

「これからはどんな激務でも喜んで行おう！」

いまの若い人たちは想像できないかもしれないが、当時は、天皇、皇族にお仕えすることは何よりも名誉であり、喜びであったのだ。

いや、令和のいまでもそうだ。

いまも文化勲章などは天皇陛下から授与されることになっている。天皇陛下からその功績を認めてもらうことは何よりの名誉であり、喜びであることは、いまも昔もいささかも変わりがない。

殿下は産業から民衆の生活に至る迄、熱心にご覧になった。功労者や学者には栄誉を賜った。沿道の奉迎者に対しても丁寧にご答礼になった。それらが皇室を戴く国民としての感動を与えたのだと。

それによって、みんな、それぞれの職務をより一層頑張ろうと思えた、とも。

殿下の台湾ご訪問は、その後の台湾の発展に大きな力となったのだろう。

4900ページにも及ぶ行啓記録には、こうした人々の感激がたくさん詰め込まれている。

御召列車の車窓から

御召《おめし》列車での移動中、殿下はどのようにお過ごしだったのだろうか。

御召列車とは、天皇や皇后、皇族がお乗りになる特別な列車だ。

この度のご訪問で使われた御召列車は、明治45（1912）年に造られたもの（38頁参照）。

嘉仁皇太子殿下（のちの大正天皇）の台湾ご訪問のために特別に製造された。しかし明治天皇がお亡くなりになったことで、台湾ご訪問は実現しなかった。

長らく放置されていたものが、この度の行啓でようやく日の目を見ることとなった。

御召列車の中央車両には直径40センチの菊の紋章が取り付けられている。

写真では真っ黒に見えるが、屋根はグレー、車体は深いワインレッドで彩られていた。最後尾の車両には外を観閲できるようバルコニー仕様になっている。

内装はすべて木材で装飾されていた。寝室と休憩室はすべてヨーロッパ式の家具・調度品を採用。窓ガラスにはステンドガラスのような装飾が施されていた。どこも精巧で上品な雰囲気を誇っていた。

一度で良いから、こんな豪華列車に乗って旅してみたい。

車内の換気を良くするためだろうか。車内上部には木製の羽根扇風機も設置されていた。

台北、台中、台南、高雄などの主要都市間の長距離移動には、御召列車が使われた。

列車の運行時間がずれてしまうと、その後のスケジュールに支障をきたしてしまう。鉄道部は非常な緊張感で行啓の準備に当った。

特筆すべきは、事前に鉄道運行の大規模リハーサルをしていることだ。

それは3月15日から21日にかけて行われた。

事前に、ご視察やお食事等のスケジュールを考慮したうえで、運行予定表を作成。宮内庁との詳細な打ち合わせの下、3月5日に時刻表を確定した。それを基に7日間かけて、時刻表通りに列車を走らせたのだ。

結果は好成績に終わった。

しかしそれでも問題が起こった。

行啓直前の4月14日、15日に台北―新竹の間で送

車内

電線に故障が生じた。すぐさま修理した甲斐あって、17日、18日に激しい雷雨に見舞われたが、不具合は免れた。

台南でも激しい雷雨・暴風雨のため、送電線が故障し、市内が真っ暗になった。こちらは水力発電所の電力に頼っていたが、復旧の見込みが立たなかった。そこで急遽火力発電所を運転。そちらから電力を補い、事なきを得た。

鉄道関係者は、激しい雨が降るたびに、気が気ではなかっただろう。

しかし当日の運行の安全に考慮し、さらに念には念を入れている。お召列車運行の約30分前に先導列車を走らせたのだ。それによって線路の不備や故障等、事前にチェックするようにしたのだ。

車内では、各地の知事や軍司令部から、地方情勢をお聞きになった。

例えば19日、台中駅から彰化（台湾中西部）に近づく頃、北白川宮能久親王の縁の地をご眺望になった。

彰化は、上陸した能久親王率いる近衛師団に対して清国の残兵や一部の台湾住民が抵抗し激しい戦闘の舞台となった場所だ。台中州知事は、激戦地跡の記念碑を指し示しながら、能久親王が激しい豪雨の中、後方20メートルの所に飛来した爆弾の砂煙により、軍服を汚されたことなど、能久親王の武勇伝を紹介した。

能久親王の勇敢な戦いぶりなどを聞き、台湾統治にいたるまでの苦労を偲ばれたに違いない。

また窓から見える景色には、興味津々だったようだ。

「茶畑が荒れているようだがどうしてなのか？」

「水牛と黄牛はどちらが強いのか？　雑種はあるのか？」

など、次々にご下問《かもん》があった。

しかしひとたび奉迎者の姿が見えると、すっとお立ちになり、挙手の礼をなさるのだ。その間、列車はスピードを落とす。奉迎者からも殿下のお姿が見えるように、とのご配慮だ。

ようやくご着席されたかと思うと、沿道や田畑の間にまた奉迎の人影が見える。するとまたすぐにご起立される。速度を落とした列車が人々の前を通り過ぎる間、殿下は挙手の姿勢のままだ。

揺れる車内で立ったり座ったりするのも大変なのに、殿下は数分間挙手の礼のまま。

私なんて、遠くて見えづらい場所に人がいたら、ちょっと気づかないふりをしてしまいそうなものだが、殿下はそうはいかない。

随行していた田総督は、これではお疲れになるだろうと心配した。

「殿下、ご答礼は各駅通過の時だけで、その他はお止めいただいた方が……」

ところが殿下は全く聞き入れない。その後も立ったり、座ったりを悉く繰り返した。

殿下にとって、列車での旅は楽しくもあり、また奉迎者の姿を見るのが嬉しかったのではないだろうか。

北白川宮能久親王

大正12（1923）年4月17日、皇太子であった昭和天皇は台湾神社へ参拝された。

なぜ殿下はこの台湾神社に参拝されたのか。

それは、台湾で亡くなった北白川宮能久親王殿下がご祭神として祀られているからである。

能久親王殿下は、台湾で壮絶な最期を遂げられた皇族だ。

北白川宮能久親王殿下は弘化4（1847）年、伏見宮邦家親王殿下の第九皇子としてお生まれになった。安政5（1858）年、出家し上野寛永寺の僧侶となる。明治3（1870）年には僧侶を辞め、伏見宮に復帰され、軍籍につかれる。その後ドイツへ留学し、兵学を学んだ後、明治17（1884）年には陸軍少将、明治26（1893）年には近衛師団長となられる。

能久親王と台湾の関わりは、明治28（1895）年。近衛師団長として台湾に出征した。近衛師団とは、陸軍の師団の一つで、最精鋭の部隊だ。天皇と皇居を守るのが主な任務だ。

台湾は、日清戦争の結果、明治28（1895）年に日本の統治下に入った。当時の台湾には、日本統治に抵抗した清国の残兵や一部の台湾住民がいた。その平定を任されたのが、能久親王殿下率いる近衛師団である。

近衛師団は、明治28年5月30日に三貂角から上陸し、基隆に向けて進軍した。

三貂角とは、台湾北部、本島最東端の岬だ。

三貂角から基隆に至るまでは険しい山道で、道も狭い。中でも三貂大嶺は難所とされた。

そこで能久親王殿下用にと駕籠《かご》が用意された。それに対し、師団長が駕籠に乗っては「恰好が悪い」と、将校らと同様の草鞋《わらじ》、脚絆《きゃはん》、双眼鏡を持ち、一緒に徒歩で進まれた。能久親王殿下は常々、「将校と共に寝食を同じくせねばならぬ」と部下たちに述べられていたという。部下たちにはどれほど心強い事だっただろう。

６月11日、能久親王殿下は台北入りされ、48日間滞在。７月29日に台北を出発され南下。この頃から、能久親王殿下は体調を崩されていた。

近衛師団軍医部長の診察により、流行性下痢と診断された。親王の体調と暑さを心配した当時の樺山総督は、川村景明少将を師団長代理にしようと考えていた。能久親王殿下には淡水（台湾北部）の洋館で休養をしていただこうと。

しかし、能久親王殿下は「休んでいては師団長の使命を果たすことが出来ないではないか。暑いからといって大したことではない」と、40度の熱と闘いながら、南進することを自ら決意された。

師団長は全体の士気も統率する。ここで親王が退けば、全体の士気が落ちることは目に見えていた。自らの不調を顧みず前進を続ける親王の姿に、師団の士気が上がったことは言うまでもない。

容体が急変したのは10月18日。嘉義（台湾南西部）からの行軍中のことだ。

午前２時ころから腰痛と軽微の悪寒《おかん》があった。しかしそれに構わずに出発した。しかし大茄冬仔脚（台南北部）に到着

北白川宮御露営

後、下痢と全身に倦怠感を覚えられた。

検査の結果はマラリア。マラリアとは蚊を媒介した感染症だ。

しかしその後も親王殿下が引き返すことはなかった。

翌19日は駕籠、その後は担架《たんか》での進軍となった。それでも留まることなく進み続けたのだ。

そして10月28日、治療の甲斐なく、能久親王殿下は亡くなった。

能久親王殿下のご遺体が日本に到着した後、陸軍大将に昇進が発表され、薨去《こうきょ》が告示された。国葬に付され、豊島岡墓地に葬られた。

皇族としては初めての外地における殉職《じゅんしょく》者だった。

壮絶な最期を遂げたことも相まって、国葬時から神社奉斎（神社に神様としてお祀りすること）の世論が沸き起こっていた。

そしてついに台北に台湾神社、終焉の地には台南神社が創建されたのだ。

台湾神社は、台湾の総鎮守であり、南方総鎮守大社として最も重要な神社とされた。総督府は能久親王殿下の命日を「台湾神社祭」と定め、この日を全島の休日とした。

また通霄《つうしょう》神社をはじめとする台湾各地に創建された神社のほとんどで能久親王殿下は主祭神とされた。

しかし日本の敗戦後、これら能久親王殿下を祀った60の神社はすべて廃社となった。

現在、能久親王殿下は靖国神社に祀られている。

能久親王殿下を顕彰する場は台湾神社に限らなかった。

能久親王殿下の舎営、野営地跡などが保存されている。「北白川宮能久親王御遺跡所」史跡として、39の縁の地が保護された。

そのうちの一つで、能久親王殿下が療養され、薨去された地である台南の「宜秋山館」に、大正12（１９２３）年4月20日、皇太子殿下はご訪問された（１１２頁）。能久親王殿下の寝室、寝具、軍靴《ぐんか》、親王を運んだ担架が展示されている。

御遺跡を前にして、一同は水を打ったように静まり返った。同行した田総督、入江侍従長以下付人の人々は直立不動の姿勢を固くした。厳粛な空気が漂っていた。

皇太子殿下は、台南神社の新築社殿にお入りになり、ガジュマルをお手植えになった。ちなみに、大正６（１９１７）年には、北白川宮成久王、同妃両殿下が行啓され、記念樹をお手植えされている。

実は国内にも能久親王殿下をお偲びできる場所があることをご存じだろうか。

北の丸公園の南側、近代美術館工芸館横に、北白川宮能久親王の銅像が建立されている。この銅像は明治36（１９０３）年、北の丸公園に建立されていたのだが、整備に伴い現在の位置に移された。制作は、渡台時に近衛騎兵として能久親王の側近として仕えた、彫刻家の新海竹太郎。今にも馬が駆け出しそうな躍動感、生命力に溢れるこの像は、芸術的にも高く評価されている。

今年（２０２５年）は、北白川宮能久親王殿下の薨去から１３０年。

皇居に行かれる際は、ぜひとも立ち寄っていただきたい。

台湾の学校教育

台湾ご滞在中の12日間、殿下は学校現場のご視察を楽しみにされていた。

懸命に日本語を覚える台湾の子供たちの様子に、皇太子殿下は目を細められたようだ。

日本統治から28年目に実現した皇太子殿下の台湾ご訪問。台湾で推進された教育の成果をご覧いただく機会となった。

台湾の子供たちにとっても、皇太子殿下に直接お会いできる絶好のチャンスだ。学校の先生からも、偉い方がわざわざ台湾にお越しになるので、皆でお迎えしましょう、と聞いていたに違いない。

殿下がご訪問された学校は、台北、新竹、台中、台南、高雄の5地域で14校に及ぶ。小、中、高等学校、公学校（台湾人の子弟を対象とした小学校程度の教育機関）、師範学校（教育者を要請する専門機関）、専門学校、女学校、と隈なくご訪問になっている。

ちなみに統治時代の中学高校程度の各種学校には、第一●●学校、第二●●学校、第三●●学校の区別があった。第一には日本からきた内地人が多く、第二は内地人と本島人が入り混じっている。第三には本島人が多い。これをもって、日本人を優遇しており差別があった、と考える台湾人も少なくないが、実際にはこれらは、日本語理解の程度で分けられていたのだ。試験を受け、日本語がよく理解できるなら第一、中等程度なら第二、日本語の読解が難しければ第三、と言った具合だ。

しかも試験は年に一回しか行われない。よほど日本語に自信がなければ、不合格を避けるため、本島人が第二、または第三を受験するのは自然なことだ。差別したわけではない。

それを裏付けるかのように、皇太子殿下は第一から第三まで、等しくご訪問されている。

訪問を受けなかった学校の校長や州知事などは、ご訪問先の学校に来て学校の状況を説明している。

殿下は、校長らからの説明を受けられただけではない。

実際に教室の中まで入って、子供たちの授業をご覧になっているのだ。

これについて実は事前に州知事らは、ご訪問先のすべての学校で、授業をいくつもご覧いただくのは、果たしてどうなのだろうか、と懸念していた。

殿下のスケジュールは分刻みでお忙しい。第一、同じような子供たちの授業をいくつもご覧になっても代り映えしない。各学校、代表クラスだけで良いのではないか、と総督府に提案していた。

しかし、殿下は台湾の教育に興味津々で、たとえ内容が重複していても、一つ一つご覧になりたいから、と、州知事らの提案は却下された。結果、訪問先の学校の全学年の授業を一つずつご覧になることとなった。原住民の児童の授業もご覧になっている。

殿下は各教室に入る際、必ず脱帽され、担任教師、生徒らの最敬礼に対してご答礼された。

緊張しながら懸命に発表する子供たちの授業を、うんうんと頷きながら、ご覧になった。

一クラス、２～５分のことだ。

２～５分と侮るなかれ。小学生や中学生の授業を、黙ってじっと数分見るというのは、意外と根気が要る。それを一校当たり数クラス。一日に何校もご訪問になるのだ。

こうしたご態度は、教師と生徒らを感動させた。

先の州知事などは、殿下の学校ご訪問は、ご見学というよりも教育のご奨励という意味であって、殿下が教育にこれほどまで熱心でいらっしゃることは実に畏れ多いことだと、感想を漏らしている。

殿下の台湾の教育への高いご関心は、大正天皇のお心の表れでもある。

皇太子殿下が台湾にご到着された4月16日、大正天皇から社会事業及び、教育奨励の思し召しを以て、金10万円が下賜されている（現在の約5300万円に相当）。

皇室の、内地も本島も分け隔てなく国民を慈しまれる「一視同仁」のご精神は、台湾行啓における教育の一面からも拝察される。

3　台湾「玉蘭荘」を訪ねて

台湾には、現在でも美しい日本語が飛び交う場所がある。

令和6（2024）年秋、台湾でお世話になっている知人から、「日本語世代の素晴らしい方々がいらっしゃるので、ぜひ話を聞いてみて」と連絡をもらった。聞けば、日本人として生まれ、青春時代を日本人として過ごした高齢者たちが集う場所があるという。統治時代の話を直接伺えるなんて、楽しみだ！

そう思って、インタビューを申し込むことにした。

「玉蘭荘」と呼ばれるその会は、台北MRT（台湾の地下鉄）大安《だいあん》駅（台湾台北市）近くのビルの一室にあった。

大安駅に着いて、3番エレベーターを上る。目の前に出現したのは大きなビルだ。細長いビルが六つくっついているみたいな、古くて大きなビル。そのうち一階に「長春中醫」とかかれた看板がある部分を見上げると、4階に「玉蘭荘」とかかれた青い看板が掲げられていた。

部屋を訪ねると、高齢者とサポートスタッフら30名ほどが楽しげに過ごしていた。朝集まって、さまざまな活動をしながら日中を過ごし、夕方に帰宅するという、いわばデイサービスのような場所だ。耳を澄ませば、聞こえてくるのは日本語ばかり。

出迎えてくれたのは総幹事（当時）の陳雪美さんだ。

事前に、統治時代のことについて取材をさせてほしい、とお願いしていたら、次の方々をご紹介してくださった。

林孟毅さん　昭和3年生まれ
陳旭星さん　昭和9年生まれ
謝静意さん　昭和4年生まれ

陳雪美さんの「皆さん日本語がとってもお上手ですから、なんでも聞いていただいていいですよ」の言葉通り、皆、流暢な日本語でインタビューに答えてくれた。

裕仁皇太子殿下の台湾ご訪問

三荻　日本では、2025年には昭和天皇のご即位から100年の節目を迎えるんです。

林　日本は今「令和」でしたか?

三荻　よくご存じで！　今は令和6年です。

林　昭和64（1989）年は7日しかなかったんだったか。それで平成になった。台湾はいま民国113年でしょう。民国元年は大正元年なの。

三荻　大正元年が民国元年なんですか！　面白い。昭和天皇が皇太子だった大正12年、1923年に、台湾にお越しになっているんです。１００年ちょっと前ですね。

陳　僕たちまだ生まれてないけどね（笑）。今生きてる人でも、その時は赤ちゃんでしょう。覚えている人はいないだろうね。僕は前の天皇陛下と同じくらいの年だよ。

三荻　昭和天皇がお越しになった、という話を聞いたことはありますか？

林　学校とかで教えられたわけではないけど、お父さん、お母さんから聞いたりして、何となく分かっていたと思うよ。

三荻　これ、『東宮行啓』といって、１００年前の台湾ご訪問の時の写真集です。

謝　あら、お若いのね。

三荻　このとき21歳とかですね。

謝　ハンサムね～。まだご結婚前でしょう。髭を生やされていないものね。まぁ、しかもこれ、北京語で書いてるの？

玉蘭荘にて、右から林、陳、謝の各氏

三荻　そうなんです。昭和天皇が亡くなって30年の年、２０１９年に台湾で出版されています。

林　どこに泊ってたの？　圓山ホテルはないだろうし。

陳　圓山は台湾神社だった。お泊りは迎賓館でしょう、総督官邸だった。70歳以上は、あそこが総督官邸だったって知ってるよね。

林　これ、総督府か。

陳　あ〜、一つだけ聞いたことがあった。思い出した！　皇太子が来た時に、総督府の前でパレードやってるでしょう。

三荻　提灯奉迎ですか？

陳　提灯は夜だけど、昼間に。台北の学校の子供たちが行列つくって総督府に集まったんだけど。その行列の一番先頭で、僕のおじさんが旗持ってた、っていうのは聞いたことがあるね。

三荻　えー、すごいですね！　総督府で働いていたかなにかですか？

陳　僕のおじさんは、放送局で働いていたからさ。皇太子が台湾に来て、すぐの頃じゃない？　なんで聞いたかは覚えていないけど、そういう話を聞いたことがある。

統治時代の思い出

謝　昭和天皇のお誕生日は確か4月29日よね？

三荻　そうです、よく覚えていらっしゃいますね。なので、台湾から東京に戻る船の中で、22歳のお誕生日を迎えられました。

謝　昔はさぁ、昭和天皇のお誕生日なんか学校で式典があってね。
林　天長節ね。
謝　校長先生がご真影を出すときに、みんな頭下げてたわね。
三荻　学校で天皇のことを、しっかり教えられたんですか？
謝　そういう記憶はありませんよ。こういう式典のときに頭を下げなさい、とかそのくらい。でも、だからって、それが嫌だとか思ったこともないし、そういうものだと思っていたしね。
林　学校では政治的な話はもちろんだけど、天皇についても教えてもらったことはないですね。あんまりそういう話をしちゃいけなかったんじゃないかなぁ。
三荻　ところで皆さん、ものすごく日本語がお上手ですね。
陳　僕は昭和９年生まれだから終戦の時は小学５年生だった。
謝　私は昭和４年生まれ。終戦の時は、女学校だったのよ。私は両親が日本人の知り合いが多かったから日本語を使ってたわけ。それで私も小さいころから、日本語を話せたんです。だから私も日本人のお友達が多かったのよ。
林　「君が代」も覚えてますよ。岩に苔が生えるまで千代に八千代にっていう意味の。
陳　うちも日本人との交流が多かったよ。日本名も持っていたしね。
三荻　日本名はみんな付けてたんですか？
陳　いいや、台湾の名前のままの人も多かったよ。うちは田川っていう名字だった。
謝　私は安東静子。自分が好きな名字を付けて良かったんじゃない？　うちは父親が安東ってつけたんだけど、なんか東の方にいって安定する、落ち着く、とかいう意味だったかしら。

林　日本が台湾を統治していた間、やっぱり問題もあったと思いますよ。だけど、民間教育やインフラ整備に相当力を入れてましたね。やっぱりマラリアや毒蛇っていうのも大きな悩みだったし。総督って、1年とか2年で交代しちゃうでしょう。けど4代目の児玉源太郎総督の時から近代化の建築が始まったんですよ。後藤新平が民政局長のときね。

三荻　児玉源太郎や後藤新平とか、統治時代の歴史っていうのは学校で習ったのですか？

林　学校では教えない。政治に関わることは一切教えないね。政治以外なら構わないけれど。だから私はたくさん本を読んで勉強しましたよ。統治時代の台湾のことは。児玉源太郎と後藤新平の二人が一番台湾の近代化に貢献したんじゃないかなぁ。日本のエリートだね。

三荻　来年で、日本統治が終わってから80年になります。

陳　そうだね、80年かぁ。

林　昭和20（1945）年8月15日に日本が戦争に敗れたでしょう。それで私たちは名目上は中国に戻ったということになった。その時なんて掲げたと思う？　「歓迎祖国」だったんだよ。

三荻　なるほど。日本の植民地から解放されて、祖国の中国に戻ると。

林　そういうスローガンを掲げてた。それでいざ、大陸から入ってきた軍人さんたちを見て、愕然としたよね。

陳　唖然としたね。

林　もう失望したんですよ、みんな。

三荻　それはどうして?

林　ボロボロの軍服。汚い荷物をたくさん持ってきてる。笑い話にもならないけど、ご飯を炊く釜を肩にぶら下げてたりね（笑）。靴だけは事前に支給されてたみたいだけど、あれは失望したね。

謝　日本の兵隊さんはきちっとしてたものね。日本人の兵隊と比べちゃったわよね。

私ね、昭和20年4月1日。始業式で学校に行ったら、私とお友達の二人が先生に呼び出されてね。私は宜蘭《ぎらん》（台湾北東部）の女学校に通っていたんだけど、宜蘭には特攻隊の飛行場があったの。先生から、「今日、特攻隊の人たちのお見送りに行くから」って言われてね。

学校から戻ると、夕方、市長さんが車で迎えに来てくれて、お友達と二人で特攻隊がいる広場に行きましたよ。10名くらいいらっしゃったかしら。話はしなかったから詳しくは分からないけれど、たぶんみんな日本人じゃないかしらね。私たちは、その人たちにお酒を注いであげてね。「この人たち特攻で死んじゃう」と思うと、悲しかったわね。

陳　僕が小学校に入った時はまだ大東亜戦争は始まってなかったよね。支那事変の時だったから。それで2年生くらいの時に大東亜戦争、いわゆる太平洋戦争が始まったんだけど。

三荻　授業はできたんですか?

陳　授業はやっていたけど、少し田舎の学校に疎開したね。兵舎には日本の兵隊も泊ってた。僕たちが集まっているここは、玉蘭荘というんだけど、この玉蘭荘の創設に関わった人も特攻志願した兵隊だよ。

三荻　台湾人ですか?

陳　もちろん。台湾人で特攻を志願していたんだけど、出撃する前に日本が戦争に負けたんだ。それで戦後は台湾の発展や玉蘭荘の創設に携わったんだね。

＊

玉蘭荘にいると、何度か、日本にいるのかと錯覚した。

本当に美しい日本語で溢れていた。

みなさん明るく、楽しそうに過ごしていたのが印象的だった。

玉蘭荘は、統治時代に日本からやってきて、そのまま嫁いだり台湾に残ったりしたけれども、台湾の言葉がうまく話せない女性たちと、日本時代に生まれ育ち、日本語を懐かしむ台湾人たちをつなぐ目的で1989年に創設されたという。

キリスト教系の団体のため、牧師が講話を行ったり、歌や折り紙を楽しんだり、体操したりと、皆の憩いの場となっているようだ。

この日はちょうど、陳旭星さんのお誕生日だったようだ。聞けば、午前中に皆で〝ハッピーバースデー〟を歌って、お祝いしたという。「これ今日のお誕生日会でお配りしたお菓子です」と陳雪美さんからおすそ分けを頂き、玉蘭荘を後にした。

（令和6年11月1日、玉蘭荘にて）

第3章

100年後に『東宮行啓』を辿る

つくづく自分は変わり者だと思う。

写真集に掲載されている場所に行ってみたいと思う人はいるだろう。それが100年前の場所だった場合は？　その場所に行ってみたいと思う人はかなり限られるのではないだろうか。

そもそも100年前の写真の場所となると、ガイドブックにはなかなか載っていない。ガイドブックに載っていないなら、自分で探せばよいのだ。令和のこの時代、インターネットをうまく使えば、かなりの情報が得られる。

そう思って調べ始めるのが私という人間だ。

私は3人の子供を育てる主婦。子供たちとの時間は大切にしたいが、一方で、やりたいこともたくさんある。

知りたいと思ったことはとことん調べるし、やりたいと思ったことにはチャレンジしてみる。「好奇心」と「後悔したくない、との思い」に突き動かされている。

その私の衝動をサポートしてくれる家族や仲間がいることは本当にありがたいことだ。

話を戻そう。

写真集『東宮行啓』には100年前の台湾の様子が写されている。

そこを訪れるためには、正確な所在地を記した地図が欠かせない。インターネットを駆使して、一つ一つを特定する作業を始めた。

「総督府」（58頁）や「迎賓館」（47頁）などは、インターネットで検索すれば、すぐに情報が見つかる。しかし例えば、台北駅の前に建てられた奉迎門の写真（43頁）は、その位置を特定するのに苦労した。なぜなら、まず当時の台北駅と現在の台北駅の建物が全く違うものだからだ。

現在の台北駅は大きな四角形で、四方に出入り口がある。そのうち忠孝西路に面する南側が正面だ。それから台北駅の周りの風景もがらりと変化している。写真に写る奉迎門は、当時の台北駅の正面に建てられたものだと推測されるが、果たしてそのどのあたりに建てられたのだろうか。こうした情報は、インターネットでもそう簡単には見つからない。

さて、本腰を入れて、探索開始。

子供たちが寝静まったのを確認し、パソコンに向かう。ホットコーヒーとあたりめは必需品だ。奉迎門の写真の解説の中に〈図の後方に建築されているのは、初代「専売局煙草工場」〉の一文を見つけた。そこでインターネットを使い、統治時代に専売局煙草工場があった場所を調べてみる。すると、「専売局煙草工場」の跡地は、現在の「Ｑスクエア」になっている、との情報が得られた。「Ｑスクエア」とは、台北駅の北側にある大型ショッピングセンターだ。当時の台北市内の地図と照らし合わせて、位置情報を確認する。

当時の台北駅舎が、今の建物の西側の敷地に建てられていたとの情報も見つけた。

あたりめは、どんどん減っていく。

次の作業は、その写真が撮られた位置の特定だ。今度は、「グーグルマップ」の「ストリートビュー」機能を使う。

先にも述べたが、「グーグルマップ」とは、グーグル社が提供するインターネット上の地図のこと。

「ストリートビュー」とは、何枚ものパノラマ画像を繋ぎ合わせることで、まるでそこを自分が歩いているかのように、道路や建物の画像を見ることができる機能だ。

「ストリートビュー」機能を使って、手前に台北駅、右奥に「Qスクエア」が見える位置を探す。

ついに、見つけた！

大きな奉迎門が建てられていたのは、台北駅の正面、忠孝西路と館前路の交差点であった。

このように位置の特定を行い、現在の地図に落とし込んだ。

ちなみに100年経った現在もそのまま残っている建物が多かったことには驚いた。

私の趣味は、映画やドラマの映像を見ながら、ストリートビュー機能を使って、そのロケ地を見つけること（笑）。1990年代のドラマなどは、都心であればあるほど、土地開発が行われ、街の様子が大きく変わっていることも少なくない。おおよその場所は分かっても、そこにはすでに新しいビルが建っている、なんてことも良くある。

だから台北の中心地であっても100年前の建物がほとんどそのまま残されている場所が多いのには、本当に驚いた。

行啓地巡り　一覧

地区		旧名・撮影物	撮影地名称
台北	①	台北駅	台北駅（館前路より）
	②	西尾商店前	重慶南路・衡陽路
	③	台湾神社	圓山ホテル
	④	陽明山	陽明山
	⑤	草山賓館	草山御賓館
	⑥	瀧乃湯温泉	瀧乃湯温泉
	⑦	台湾総督府	台湾総統府
	⑧	総督府中央研究所農業部	台湾大学昆虫学科横
	⑨	台湾総督官邸	台北賓館
	⑩	台北師範学校附属小学校	台北教育大学附設小学
	⑪	太平公学校	太平国民小学
	⑫	太平町奉迎門	延平北路・長安西路
	⑬	総督府高等法院	司法大厦
	⑭	台北第一中学校	建国高級中学
	⑮	総督府台湾博物館	台湾博物館
	⑯	総督府医学専門学校	台湾大学医学院
	⑰	総督府専売局	台湾菸酒股彬有限公司総公司
新竹	①	新竹駅	新竹駅
	②	新竹州庁	新竹市政府
	③	新竹尋常高等小学校	新竹市東門国民小学
台中	①	台中駅	台中駅鉄道文化園区
	②	栄町	継光街入口
	③	台中州庁	台中州庁跡
	④	台中第一中学校	台中第一高級中学校
	⑤	台中神社	台中神社跡
	⑥	台中第一尋常小学校	西区大同国民小学
台南	①	台南師範学校	国立台南大学
	②	南門尋常小学校	建興国民中学
	③	台南孔廟	台南孔廟
	④	台南神社	台南市美術館二館
	⑤	台南州庁	国立台湾文学館
	⑥	台南第一中学校	台南第二高級中学
	⑦	台湾第二守備隊司令部	国立成功大学
	⑧	台南州知事官邸	台南州知事官邸跡
高雄	①	下淡水渓鉄橋	旧鉄橋湿地生態公園
	②	九曲堂駅鳳梨畑	九曲堂駅台湾鳳梨工場
基隆	①	白米甕砲台	和平島地質公園より
	②	基隆駅	基隆駅
	③	基隆港桟橋	基隆駅前国門広場

1　台北での行啓地巡り

令和5（2023）年3月、台北では、そのほとんどを徒歩で巡った。いちいち翻訳ツールを使いながらタクシーの運転手に細かな場所を説明するのが面倒。というのもあるが、台北市内には、統治時代に建てられた格調高い建物が点在している。それらを見て廻るのも実に楽しい。

できるだけ徒歩で移動し、風景を楽しみながら、行啓地巡りを行った。一日約3万歩、17キロ程度の距離を歩くため、就寝前の私の足には「撒隆巴斯（サロンパス）」がたくさん貼られていたのは、ここだけの話。＊以下、行啓地後の括弧内は現在の場所、写真上は筆者撮影、写真下は『東宮行啓』より。

①台北駅

写真の位置は、台北駅南、忠孝西路と館前路の交差点から台北駅を望む場所。このあたりが、台北駅

❶

前のメイン広場だったようだ。

大きなビルが建ち並ぶ現在の様子から、当時の面影を偲ぶことは難しいが、ここで約10万人の人々が奉迎していたと思うと、感慨深い。写真の右に見える大きな屋根は現在の台北駅。駅の奥に見えるのがQスクエア。

②西尾商店前（重慶南路・衡陽路）

写真の場所は重慶南路と衡陽路の交差点から北東方面に向かったもの。台北駅をご出発された殿下が、馬車で通られた場所。

当時の写真には、西尾商店とその隣の福田商会支店が写っている。西尾商店は、閉店後、撮影機材の店や書店が入ったが、現在は、コワーキングスペースとして使用されている。

外壁は塗装し直されているようだが、建物自体は当時のままのようだ。窓の形や入口のアーチ状のフレームが同じなのが判る。

ここを馬車でお通りになった殿下を、現地の人々は、静かにじっとお見送りしていたのだろうか。街中に響き渡ったであろう馬の蹄《ひづめ》と車輪の音は、今は

②

バイクと車の走行音にかき消されている。

③**台湾神社（圓山ホテル）**

台湾神社には北白川宮能久親王（213頁参照）がお祀りされていた。戦後、国民党に接収された台湾神社は、解体された。その跡地には、圓山ホテルが建設された。

当時の参道や本殿の位置の見当は付くが、雰囲気は残っていない。

ちなみに台湾神社に設置されていた狛犬は近くの剣譚《けんたん》公園の入り口に、牡牛は台湾博物館の入り口に移設されている。

④**陽明山**

陽明山は、台北の北部、新北市との境に位置する標高約800メートルの山だ。風光明媚な場所として知られ、観光客はもちろん、地元の人々もその景色を楽しむために訪れる。

私が訪れた際にも、ハイキングツアーなどに参加している大勢の人々が、その景色を楽しみながら歩いていた。

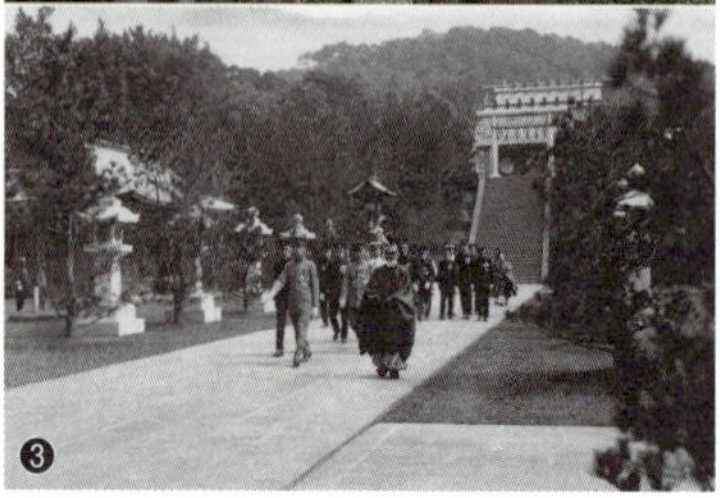

❸

ここは大正12年4月の殿下の行啓に合わせて、大規模な整備が行われた。道路の整備のほか、沿道には地元の人々によって桜の木々が植樹された。殿下がお通りになった際に咲いていたかどうかは定かではないが、私は車で通りながら、散る前の桜の花を観ることができた。

⑤草山賓館

殿下が陽明山をご訪問になった際にご休憩された草山賓館。行啓後は使用されることがなかったようで、現在は立ち入り禁止となっていた。

中には入れないが、外から覗くと、茂みの奥に、石垣や解体途中の建造物がちらりと見える。

行啓から100年が経った2023年3月。台北市政府文化局は草山賓館の修復事業を開始、今後は再利用を検討しているようだ。

ここにも地元のハイキングツアー客が団体で訪れており、「日本の皇太子が2時間滞在した場所だ」と解説していた。

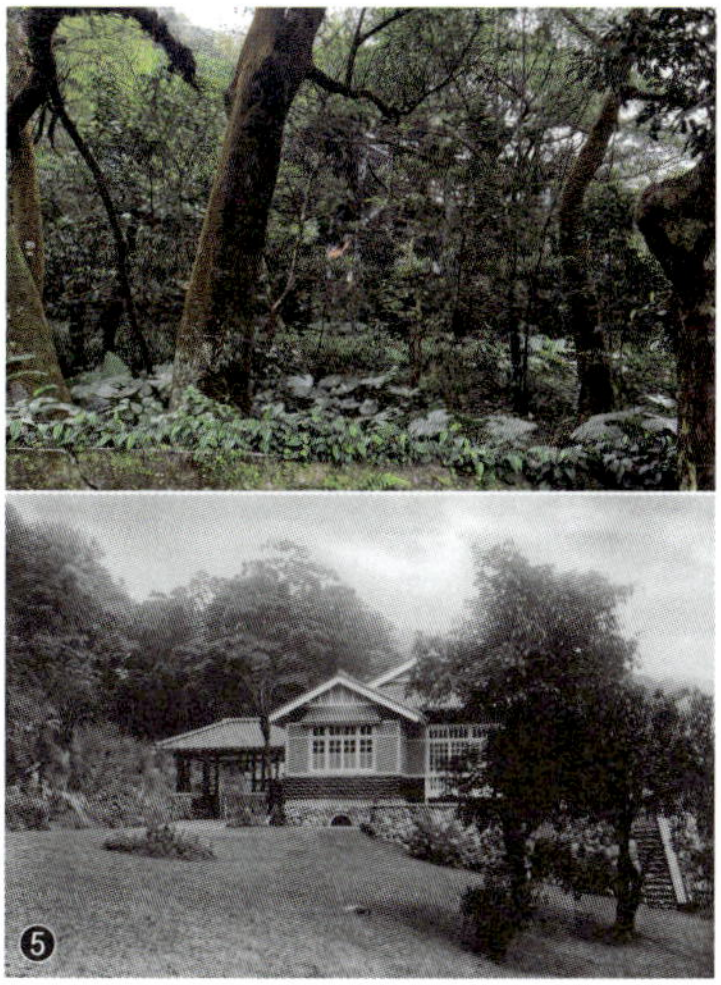
⑤

⑥瀧乃湯温泉

陽明山は、温泉地としても知られている。

有名なのが北投だ。

日本の加賀屋ホテルを始め、いくつもの旅館や日帰り温泉がある場所だ。

殿下は温泉には浸かられなかったようだが、この辺りをご視察されている。

その中の一つ、瀧乃湯温泉には、「皇太子殿下御渡渉記念」と書かれた記念碑が建立されている。

⑥

せっかくなので150元を支払って入浴。中は地元のおばちゃんたちで賑わっていた。湯船につかるわけでもなく、周りに置かれた椅子に座って、世間話に花を咲かせているようだ。

浴槽は大小二つに分かれていた。一つは超高温、もう一つは高温。

体を洗って湯船に浸かろうとすると、椅子に腰かけているおばちゃんたちが、一斉に険しい顔をして何かを言ってきた。

しかし言葉が解らない。

すると日本語ができる方が、「湯船に浸かる前に足を洗って、って言ってる」と教えてくれたのだ。

体を洗ったばかりなのに、わざわざ足だけ流せと言うのか。不思議に思ったが、ここの常連さんたちの流儀なのだろう。静かに従い、いざ超高温の方に入ろうとした。

親指の先が水面に着くか着かないかのところで、思わず足をひっこめた。熱すぎる。

超高温の湯船の中には、平気な顔をしてのんびり浸かっているおばちゃんもいるのに。

そちらを断念し、高温の方に浸かることにした。とは言っても３分も入ればもう充分な熱さ。椅子に避難しているおばちゃんたちの気持ちがわかったような気がした。

入浴前に足さえ流せば、おばちゃんたちはとてもフレンドリーだったことも、付記しておく。

⑦台湾総督府（台湾総統府）

台湾総督府の建物は大正８（１９１９）年に完成した。赤煉瓦と花崗岩を使って作られた重厚感ある建築物だ。昭和19（１９４４）年には空襲を受けて大部分が崩壊したものの、戦後、日本人から技術を受け継いだ台湾人の技師によって修復、再建されている。

台北駅周辺とは違い、車の往来も少なく、静かな場所だった。

１００年前、総督府前には各方面から行進して来

⑦

た学生たちで埋め尽くされた。殿下は建物右の二階のバルコニーからその様子をご覧になっていた。「あのバルコニーにお立ちになっていたのか」と思うと、感慨深かった。

総督府の建物を間近で見ると、本当に美しい。涙をぬぐいながら見上げている私を、警備のおじさんは、不思議そうに見つめていた。

⑧総督府中央研究所農業部（台湾大学昆虫学科横）

こちらの場所の特定には少し苦労した。

総督府中央研究所農業部がどこにあるのか、インターネットで検索しても、その位置情報がなかなか出てこない。様々なサイトを調べ、ようやく台湾大学昆虫部に移設されているという情報を得た。

と言っても台湾大学の敷地は、外周5キロと広大だ。「台湾大学昆虫館」と検索すると位置情報は出てきたが、建物に関する情報は見つからない。しかも台湾大学内に昆虫関係の建物はいくつかあった。

そこで「グーグルマップ」の「ストリートビュー」の登場だ。

関係がありそうな場所に、「ペグマン」と呼ばれる黄色い人型アイコンを配置すると、原付バイク（原

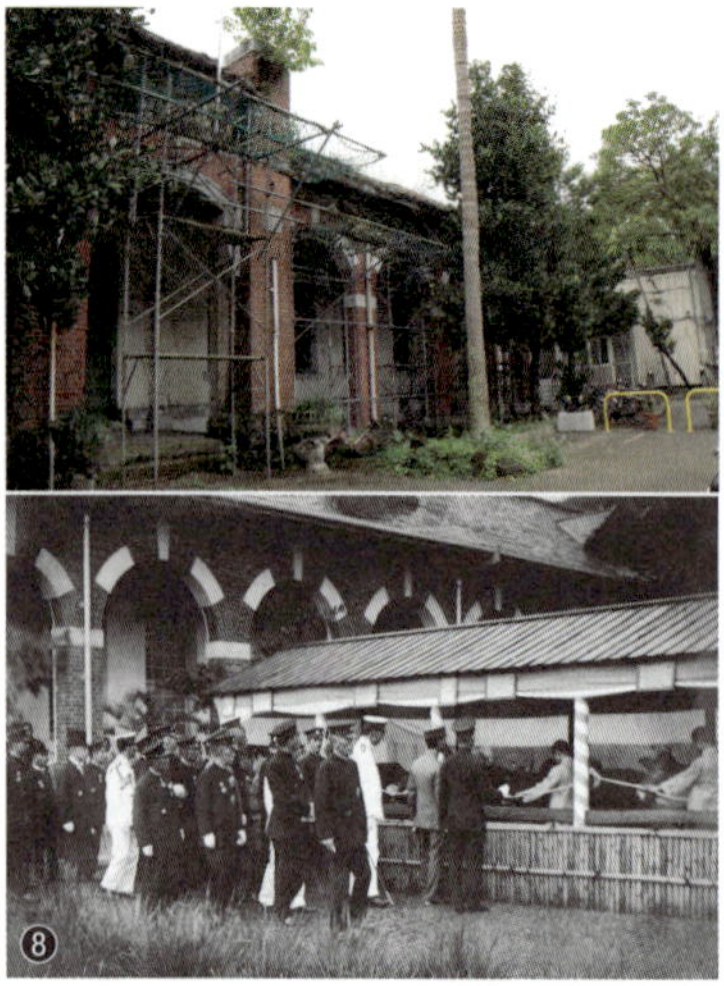
⑧

動機付自転車、原付）がずらりと駐輪された通りの画像が表示された。少しずつ動かしていくと、いくつか建物が見えるが、それらしいものは見えない。

また少しずつずらしていくと、植木の間に、瓦屋根の建物が見えた。建物の入り口が、何となく、白と煉瓦のしましまのアーチになっているように見える。

おそらくここだろうと目星を立てたのは、「総督府農業試験所昆虫部（原為総督府農事試験場）」と書かれた場所だった。

ＭＲＴ（地下鉄）の公館駅（台北市）で下車。マップを頼りに歩いていくと、『東宮行啓』の写真に載っているのと同じ建物が見えてきた。

苦労して探した分、見つけた瞬間いつもよりワクワクした。

内装が老朽化しているようで、現在は使われていないようだった。

特徴的なしましまのアーチが並ぶ廊下を始め、外壁に大きな損壊はなく、１００年前の様子を思わせる佇まいだった。

その時だった。

まるでタイムスリップしたような感覚に浸っていた私を目がけて、鳥がフンを落としてきた。一気に現実に引き戻されたのは、言うまでもない。

⑨台湾総督官邸（台北賓館）

台北駅から大通りを南下したところにある台北賓館。当時は総督官邸として使用されており、行啓時には殿下の御泊所とされた。

⑩台北師範学校附属小学校（台北教育大学附設小学）

国立台北教育大学から徒歩７～８分の場所に位置する国立台北教育大学附設実験国民小学。日本統治時代に台北師範学校の附属小学校として設立された。

行啓時の写真に写る建物は確認できなかったため、全面改装されているのだろう。

校門には「創校於１９０８」の大きなネオン。統治時代に設立され、１００年以上の伝統を持つことに誇りを持っていることが伺える。

⑪太平公学校（大平国民小学）

台北駅の北側に位置する小学校。『東宮行啓』時の建物と同じものかと思っていたが、現在の建物は戦後に建て替えられたもののようだ。

⑫太平町奉迎門（延平北路・長安西路）

暗夜に煌びやかに輝く奉迎門が印象的な大稲埕《だいとうてい》。キャプションには「延平北路・長安西路」とある。マップを辿ると、そこは五差路になっていた。さて、奉迎門はどの道、どの場所に建てられたのだろうか。

奉迎門建築途中の写真を見ると、右奥にうっすらと「増金歯科醫院」と読める。戦前の台北の地図と照らし合わせてみると、それは五差路の北北西に位置することが判った。

そうしてこの煌びやかな奉迎門は、長安西路の南側に設置されていたことが判った。

現地までは、台北駅からかなり歩いた。

街は大きく様変わりしており、当時を偲ぶよすがはない。しかし昔も今も、賑やかな町であることは変わりないようだ。

写真の信号機のあたりに奉迎門が設置されたと思われる。

⑪

⑫

⑬総督府高等法院（司法大廈）

現在の建物は、昭和９（１９３４）年に立て替えられたもの。当時の面影を偲ぶことはできない。

⑭台北第一中学校（建国高級中学）

台北第一中学校は、現在は建国高級中学と名称が変わっている。

半円アーチの窓枠や屋根の上の三角の小窓などが確認でき、当時の建物がそのまま残っていることが判る。

守衛さんに、１００年前の写真を見せながら、「写真の建物で間違いないか」と尋ねる。「そうだ、日本の皇太子がやってきた学校だ」と嬉しげに答え、敷地内に入って写真撮影して良い、と案内してくれた。

ちなみに国民党に接収されてからは、蒋介石の立像が建てられたのだそうだ。その蒋介石の像についても、台湾語で熱心に説明してくれた。

⑬

⑭

⑮総督府台湾博物館（台湾博物館）

台北駅から南に下ったところ、二二八和平公園の入り口に国立台湾博物館はある。

当時の建物そのままだ。今でも様々な企画展示を行っているようで、人々が出入りしていた。

⑯総督府医学専門学校（台湾大学医学院）

総督府医学専門学校は、現在、台湾大学医学部の医学人文博物館として使用されている。

かつてはここでマラリアや毒蛇などについての研究が行われていた。

⑰総督府専売局（台湾菸酒股彬有限公司総公司）

大正11（1922）年に完成した専売局のこの建物は、総督府と同じように赤煉瓦と花崗岩の特徴的なデザインだ。

当時の建物そのままで、見つけた時には、やはりワクワクした。

⑮

⑯

早速動画に収めようと、持参したｉＰｈｏｎｅ（アイフォン）で撮影を開始。

その時問題が発生した。

道路の向こうから、警官らしき女性が、険しい顔で何か叫びながらこちらに向かってきたのだ。腰には拳銃も携えている。

しかし台湾語のため何を聞かれているのかさっぱり解らない。

こちらの英語も伝わらない。

イライラを募らせる女性警官の語調が荒くなる一方で、こちらの口調は弱々しくなる。とその時、女性警官の言葉の中に「ｍｏｖｉｅ」と聞き取れた。

どうも私が撮影した動画に問題があるらしい。

そこで『東宮行啓』の写真集を取り出し、専売局で撮られた写真を見せた。「私たちはこれを見に来た」と言ったところで、女性警官の口調が穏やかになり「ＯＫ」と一言。どうやら、この右隣にあるのが軍の施設だったらしい。撮影禁止場所を撮っていると思った女性警官が慌てて飛んできた、ということだった。

何とか事なきを得たが、海外での写真や動画撮影は、慎重にしなければならないと痛感した出来事だった。

⑰

2　新竹での行啓地巡り

台北駅から高鐵で約25分の場所に位置する新竹。新竹では、新竹州庁と新竹尋常高等小学校の二か所をご訪問されており、両方を巡ることができた（令和7年1月）。

①新竹駅

新竹駅は、行啓時の建物そのままのようだ。

駅前広場はそんなに広くない印象だったが、当時はここに百十数台の人力車がずらりと並び、８７００人余りの老若男女が奉迎していた。当時と同じ駅舎を見ながら、ひしめき合って奉迎する人々の様子を想像すると、１００年前、ここに東宮行啓の歴史が確かにあったことに深い感慨を覚えた。

②新竹州庁（新竹市政府）

現在は、新竹市政府として利用されている。若干

❶

の改築は見られるが、当時の建物そのままで使用されているようだ。

③新竹尋常高級小学校（新竹市東門国民小学）

新竹市政府から歩いて5分ほどのところにある東門国民小学校の校舎は立て直されているようで、当時を偲ぶものはなかった。

3　台中での行啓地巡り

台北から約１７０キロ、高鐵で約50分の距離にある台中では、次の行啓地を巡った（令和６年４月）。

①台中駅（台中駅鉄道文化園区）

現在の台中駅の隣に、当時の旧駅舎が残されている。駅として利用されてはいないが、当時を偲ぶ資料館として保存されている。やはり写真と同じ建物を見ることができるのは感慨深い。

②栄町（継光街入口）

私が最も行きたかった場所。

写真のキャプションにあった「継光街」は、地図で簡単に見つかった。ストリートビューで見ると、現在は商店街の入り口にゲートが建てられているようだ。

継光街は、台中駅のすぐ近くにある。

❶

せっかくなので、駅前にある「宮原眼科」に寄り道した。

何を隠そう、アイスクリームを食べに行ったのだ。

眼科でアイス？

そう、宮原眼科は、〝映えスポット〟として台中で有名なスイーツショップ。統治時代は眼科として営業していたが、敗戦後暫くして建物は放置された。老朽化や自然災害でボロボロになっていたのを、有名なお菓子会社が買い取り、おしゃれに改装したのだ。

台中行きを決めた時に、宮原眼科への寄り道もひそかに計画していた。

店の前の歩道は、アイスを食べる若者で賑わっていた。50種類以上のメニューがずらりと並ぶ。サーティーワンですら悩むのに、50種類もあると、なかなか決められない。

迷っているうちに、順番が回ってきた。

慌ててチョコレート系とパイナップルのダブルを購入。

美味しくいただき、継光街へと向かった。

継光街は交通量の少ない通りだった。建物こそ変わっているが、まっすぐな一本道はそのままだ。

②

かつて、殿下をお迎えするためにせっせせっせと準備をした人々が、確かにここにいた。そのことをじんわりと感じられる一本道だった。

③台中州庁（台中州庁跡）

現在、建物を再利用するための修復事業が行われている。

④台中第一中学校（台中第一高級中学校）

台中では、写真に写るかつての校舎はどこも取り壊されているようだ。台中第一中学校（現台中第一高級中等学校）も１９７０年に校舎が立て替えられている。しかし創立から１００年の節目を迎えた２０１５年、地元の有志らが、旧校舎の復元を呼びかけていた。まだ竣工していないようだが、完成、お披露目が楽しみだ。

⑤台中神社（台中神社跡）

台中神社跡は台中公園の中にある。

日本の敗戦後、国民党に接収され、壊されてしまった。

台中神社跡を探して、公園内を歩き回っていると、不思議な形の〝何か〟が歩道の真ん中にごろんと転がっている。花壇でもあるのだろうか、と近づく。

あれ？　これって……鳥居⁉

なんと、かつての台中神社の鳥居が、道のど真ん中に横たわっていたのだ。ベンチにでもしようと思ったのだろうか？

なんとも興味をそそられる鳥居を通り過ぎると、神社の参道っぽい小道を見つけた。両側には奉賛者の名前が刻まれた石碑も。間違いなく参道だ。

さらに奥へと進むと、なんと狛犬と神馬が出現！

やはりここが神社跡で間違いないだろう。

お宮の跡地には孔子像がぽつんと建てられている。

神馬と狛犬と孔子像。むずがゆいような奇妙な空間の手前で、地元のおばちゃんたちは、カンフー体操に精を出していた。

❺

⑥台中第一尋常小学校（西区大同国民小学）

台中各校の女学生たちがずらりと並び、最敬礼している姿が撮影されたのが、台中第一尋常小学校。現在の、西区大同国民小学校だ。平屋の横長い校舎が印象的だが、現在は、建て替えられている。

⑥

4　台南での行啓地巡り

台南の行啓地は意外と多い。すべてを歩いて廻るには、結構な距離があった。

この日帰国予定だったので、昼過ぎの高鐵で台南を出なければならない。台南の滞在時間は3時間半と限られていた。

できることなら美味しい地元飯も食べたい。どうすれば効率よく回ることができるだろうか。行きの高鐵の中では、その計画を立てていた。

そんな時、ふと思いついたのが、レンタルサイクルだ。台北のあちこちで黄色やオレンジのレンタルサイクルを見かけていた。あれはなかなか便利そうだ。

スマホ（スマートフォン）で検索すると、ＹｏｕＢｉｋｅというアプリで借りられるらしい。早速インストールし、メールアドレスなどを登録。アプリから各スポットの納車状況や電動自転車のバッテリー容量などの一覧も確認することができた。借りた場所以外のどこのスポットでも返却可能というのも魅力的だ。

早速、台南駅に近い駐輪場で借りることにした。結構な移動距離になることが予想されたので、充電満タンのものをチョイス。予約した自転車を見つけ出し、ブルートゥース（無線通信技術）で接続したら完了。いざ出発だ。

と、そこであることに気付いた。自転車はどこを走ればよいのだろうか。

すぐにネットで調べる。原付と同じように車道の端を走ればよい、とのことだった。

とはいえ、そもそも台湾は日本とは逆で、車両は右側通行だ。まず、そのことに慣れない。

しかも台湾は原付社会だ。日本とは比べ物にならないくらい大量の原付が走っている。青信号になると同時に40～50台が一斉に走り出すのだ。その中をどう走れというのか。

とりあえず、原付に交じって悠々と走っている地元の人らしき自転車の後ろを付いて行ってみた。

何とか直進走行できた。意外と行けるかも！　と思った直後、次の困難に襲われた。

どうやって左折するの？　私が行きたいのは左。

そう、左折ができないのだ。

二段階左折をする、という事は理解できる。しかし二段階左折をするための停止線にたどり着けない。どうしよう、どうしようと思いながら直進する間にも、目的地はどんどん遠ざかっていく。

かなり直進したところで、左折の信号待ちをしている原付を見つけた。何食わぬ顔をして、停止位置に一緒に並んだ。

すでに目的地からはかなり遠ざかっている。

何食わぬ顔とは裏腹に、私の心は折れていた。信号を渡りながら、私の心には一つの決意が生まれた。

「もう自転車を返却しよう」

信号を渡り終えるや否や、すぐさまアプリを立ち上げ、近くの返却スポットを探す。幸運にも2ブロック〝直進〟したところに返却スポットを見つけた。20分ほどのドライブだった。満タンのバッテリーは1％も減っていなかった。ただ私の心だけが疲弊していた。

結局、徒歩で行啓地を巡ることになった。それも速足で。美味しい現地飯にありつけなかったのは言うまでもない（令和6年11月）。

①台南師範学校（国立台南大学）

現在は国立台南大学になっている。校舎一階の渡り廊下には、統治時代から現在に至るまでの、カラーの年表が掲げられていた。

それによると現在の校舎が完成したのは1922（大正11）年、行啓の一年前。年表には、1923年に裕仁皇太子が行啓した、ということもきちんと紹介されている。

校舎は当時のままのものだ。特徴的な三角屋根の下にある白い柱も、色あせることなく残っていた。

②南門尋常小学校（建興国民中学）

南門尋常小学校についてネットで調べると、現在

❶

は、建興国民中学という名前になっているようだった。

画像検索で、行啓時の写真と似たような建物は見かけたが、ストリートビューで調べても、見つからない。期待は薄かったが、とにかく学校へ行ってみた。

正門前から中を覗いてみたが、やはりそれらしい建物は見当たらない。もう取り壊してしまったのだろうか。

ちょうど守衛さんらしき男性が暇そうにしていた。話を聞いてみようとにこにこ近づく私を見て、最初訝《いぶか》し気な顔をした。

私は行啓時の写真を見せて、どこにあるか尋ねた。しかし守衛さんは台湾語しか喋れない。そこで便利ツール登場。会話を翻訳できるアプリを使い、「この建物はどこにありますか」と聞いてみた。すると、現在修復中なので中に入ることはできない、と言われた。まだ怪しんでいるようだ。

そこで、外観だけでも見れないか、と聞いたところ、しょうがないなぁという顔をしながら、その建物まで連れて行ってくれた。

そこには防護シートで囲まれた校舎があった。建築看板を見ると、内装や外装の修復、補強、ならびに電気や空調の設備も行うようだ。

シートの隙間から見える外観は、バルコニー部に二本の白線、柱にはひし形の飾りが見える。当時と同じ建物であることが確認できた。

わー、すごい！　ここも同じだー！

と一人はしゃぎながら写真を撮りまくる私を見て、ようやく守衛さんも警戒を解いたようだ。にこっとしながら「来年完成する」と教えてくれた。

③台南孔廟

台南駅から中山路を下ったあたりに台南孔廟がある。台南孔廟は、台湾で最も古い孔子廟で、1666年に作られたようだ。昔からのそのままの姿で現在も保存され、多くの人が訪れている。

④台南神社（台南市美術館二館）

台南神社は大正12（1923）年に創建された神社。北白川宮能久殿下を主祭神としていた。台湾神社や台中神社同様、敗戦後に国民党に接収された。

③

④

当時、台南神社が建てられていた場所には、台南市美術館の近代的な建物が建てられている。面影は全くない。

当時の小橋と社務所（現在は忠義国小の図書館）だけは近くにひっそりと遺されている。

⑤台南州庁（国立台湾文学館）

大正５（１９１６）年に建てられたもの。空襲の被害も受けたが、修復され、現在は台湾文学館として歴史資料の保管が行われている。バルコニーを支える、三本の柱が印象的だ。

⑥台南第一中学校（台南第二高級中学）

台南公園の北側に位置する台南第二高級中学。ここも当時のままの建物が残されていた。入口のアーチの装飾やその上の小窓の形など、当時のままだった。

⑤

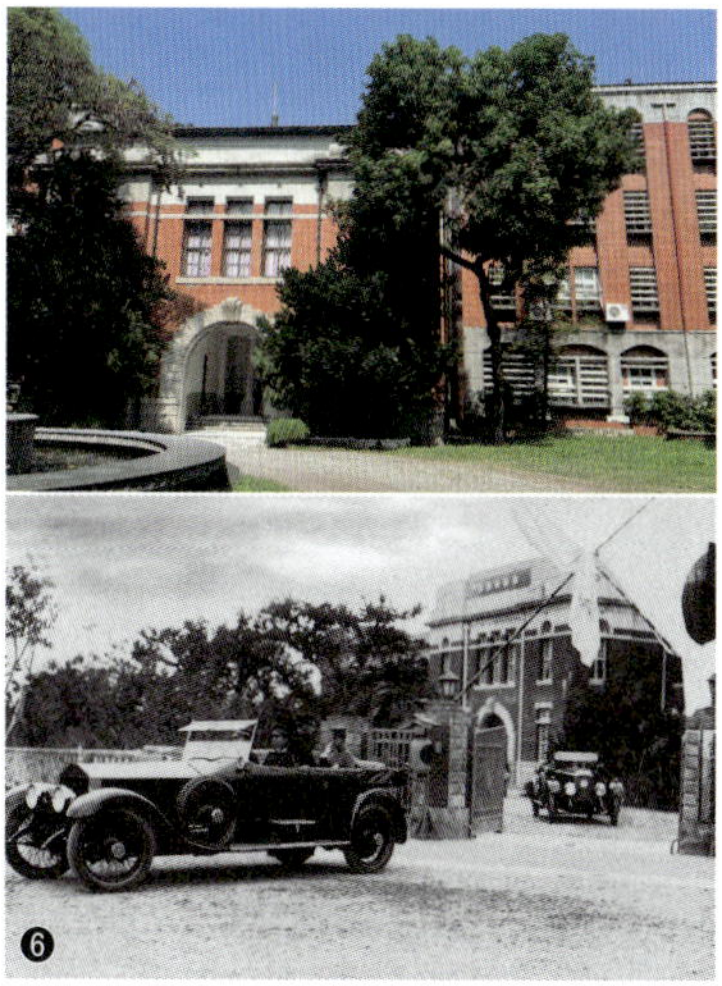

⑥

⑦台湾第二守備隊司令部（国立成功大学）

大正12年4月21日に台湾第二守備隊司令部の敷地内にお手植えになったガジュマル。木の周りには囲いが施され、案内板も設置されている。

大切に育てられてきたことがわかる。

行啓時には、台北賓館、軍司令部など、7箇所で油杉やガジュマルなどのお手植えを行われた。ただ、現在も残っているのは、おそらくここだけではないだろうか。

現在は成功大学の敷地内であり、学生たちや地域の子供たちが憩う広場となっている。

⑧台南州知事官邸（台南州知事官邸跡）

殿下が、台南ご滞在中にお泊所とされた場所。台南駅のすぐ南側に位置する。中には、台南行啓時の写真や地図が展示されている。店員さんが台湾語で一所懸命説明してくれたので、会話翻訳アプリで聞いた。

⑦

⑧

お土産用に「1923皇太子茶」「1923太子妃茶」なるものが売られていた。一つ980元（約480円）はさすがに高かったので買わなかった。

台南での行啓地巡りの最後にここを訪れた。約14キロの距離を、速足で歩き続け、すでにへとへと。足は棒のよう。お腹もペコペコ。日頃の運動不足を痛感しながら、ようやくたどり着いた場所だ。

ここもまさに当時の建物そのものだった。画像検索やストリートビューで何度も見ていたが、やはり実物を見ると感動するものだ。

思わず、「わぁ〜」とため息がもれた。

庭で行われた演武などを、殿下は二階の正面右側のバルコニーの窓からご覧になっていたようだ。

5　高雄での行啓地巡り

高雄は、台北から高鐵で1時間半ほどのところだ。令和6（2024）年4月3日、大きな飯糰（ファントァン、おにぎり）とお茶を買って、朝7時半過ぎの高鐵に乗り込んだ。

天気は快晴。移り行く外の景色を、のんびりと眺めていた。

新竹を通過する頃、突然高鐵が緊急停止した。台湾語のアナウンスで何か言っている。その直後、新幹線の車体がゆらゆらとゆっくり揺れた。

一瞬、車内がざわめく。

急いでスマホを見ると、緊急アナウンス通知が届いていた。地震のようだ。

さらにネットで検索する。震源地は台湾東海岸の花蓮県の沖合とのこと。しかもマグニチュード7以上と出ている。

海外で、しかも高鐵の中で地震に遭うなんて〜とあたふたしていたが、乗っている台湾人は意外と冷静だ。最初こそ、電話で連絡する人もいたが、すぐにそれまでと変わらず、談笑を始めた。

しばらくすると今度は、送電が止まったようで、車内の冷房が切れた。4月初旬とはいえ、この日の最高気温は28度の予報。このままだと暑くて堪らなくなるのでは、とドキドキしていたが、やはり車内の台湾人は冷静だ。特に慌てる様子もなく、普段通りに過ごしている。

結局そこで1時間半ほど停車していた。その後、おもむろに動き出し、のろのろと高雄へと向かった。

高雄には、予定の3時間半遅れで到着。予定している行啓地巡りを足早に行うことになった。

①下淡水渓鉄橋（旧鉄橋湿地生態公園）

高雄市と屏東県の境を流れる高屏渓（旧下淡水）に掛かっていた旧鉄橋で、今は使用されていない。

高雄市大樹区竹寮里にある旧鉄橋湿地生態公園へ、旧鉄橋を見に行った。

この鉄橋は、大正2（1913）年に完成した。飯田豊二という日本人技師が設計したものだ。その長さはなんと東洋一！　1526メートルの長さを誇る。

飯田豊二は、明治33（１９００）年、台湾総督府鉄道技師に任じられて、台湾に渡った。

下淡水（現高屏渓）は、川幅が広く、流れも速い。そのため、建設には苦労が多かったようだ。その上、度々自然災害の被害を受けた。

飯田は疲労が重なり、ついに病に倒れた。そして大正２年６月に亡くなった。

鉄橋が完成したのはその年の12月のことだ。完成を見ずに亡くなった飯田を思う仲間らによって、九曲堂駅の横に記念碑が建てられた。

現在は、〝映えスポット〟として有名なようだ。訪問時にもポーズを決めて、撮影している人たちがいた。

私たちが訪れたのは、日没前。川辺や湿地が夕日にきらきらと輝く姿はとても美しかった。なお、皇太子殿下は屏東にある製糖工場を訪れた際に、この鉄橋を渡られた。殿下もこの美しい川の姿をご覧になったのだろうか。

②九曲堂駅鳳梨畑（九曲堂駅台湾鳳梨工場）

この巨大なパイナップルはなに⁉

と大きなインパクトを与えるこの写真。果たしてどのような場所で撮られたのだろうか。

写真のキャプションには、九曲堂駅のパイナップル畑と書かれている。

行啓に関する記録を読むと、もともとこの地は広大なパイナップル畑があったようだ。

その傍にはパイナップルの缶詰工場も併設されていた。

電車でここをお通りになる殿下に、面白いものをお見せしたい、と考えたのだろうか。約８００個のパイナップルで、巨大なパイナップルの模型を作り上げたのだ。パイナップル畑が広がる穏やかな景色の中に、突如として現れた巨大なパイナップルに、さぞ殿下もお喜びになった事だろう。

現在パイナップル畑はないが、九曲堂駅（台湾高雄市）から北へ徒歩3分ほどのところに、パイナップル工場の歴史資料館が建てられている。

目の前を通るお召列車に見えるようにと、巨大なパイナップルの模型を作った地元の人々の思いを偲ぶと、心がほっこりしてくる。

❷

6　基隆での行啓地巡り

私の行啓地巡り最後の地となったのは基隆。皇太子殿下が、台湾への最初の一歩を踏み出された地だ。駅を始めとして、基隆には統治時代の建物があまり残っていない。

そのため、基隆での行啓地巡りには消極的だった。

ただ、『東宮行啓』に掲載されている一枚の写真にはとても興味があった。

基隆港の写真だ。

写真後方に見える山の上、白米甕砲台のところに「奉迎」と書かれた大きな看板が立っている（31頁）。

ここは今、どうなっているのかと思い、何となく「グーグルマップ」で調べたところ、切り立ったような特徴的な形をした山が見えたのだ。

そうだ！　建物は変わっていても、山はそのままに違いない。

と思い立ち、基隆にも行くことにした（令和7年1月）。

①白米甕砲台（和平島地質公園より）

基隆へは、台北からバスで向かった。駅でバスを乗り換え、和平島地質公園へと向かう。和平島は白米甕の対岸にあり、外海に面した小さな島だ。この辺りに御召艦が停泊し、そこから御召艇に乗り換えられたものと思われる。

地図で見ると和平島からは、海に向かって堤防が伸びていた。そこで撮られたと思われる写真には、釣り人がたくさんいて、白米甕砲台もばっちり写っている。

よし、ここへ行こう、とバスを降り、潔く歩き出した。

この日は小雨。風がごうごうと吹いていて、海は大荒れだ。釣り人の姿は一人も見つけられない。

大波が打ち寄せるたびに、歩道を歩く私の方まで、波しぶきが飛んでくる。

歩道の傍には、海際に3メートルくらいの防波堤が設置されていた。ここに上って奥の堤防まで歩いていけば、景色を見ながら良いスポットにたどり着けるかもしれない。いや、たどり着けるに違いない。

そう自分を鼓舞し、スカートのすそを気にしながら、防波堤の急な階段を上った。

1メートルほどの幅の防波堤の横には、大きな波けしブロックがたくさん設置されていた。そして次から次へと大波が打ち寄せて、波しぶきをあげていた。

風に吹かれて落ちてしまったら……なんて考えると、さすがに怖くなった。

①

しかしここまで来て、ここまで登ったんだから、ここで引き返すわけにはいかない！

またしても、自分にそう言い聞かせ、慎重に歩を進める。２００メートルほど進んだ時、防波堤は行き止まりだという事が判った。

仕方がないので、恐る恐る歩いて来た防波堤を、また２００メートルほど歩いて戻る。急な階段を下りるとき、スカートが煽られたが、そんなこと気にしてはいられない。足を滑らせないことに全集中し、ようやく歩道へと戻った。

歩道なら問題がないと考えて奥まで進んだが、３００メートルほど進んだところで、立ち入り禁止区域になっていたため、結局引き返すことになった。

がっくり。

打ち寄せる波しぶきを浴びながら、次の手を考えた。バス停の裏にあった和平島地質公園に行くことにした。

入園料１２０元。

所持金２００元。

一瞬迷った。

でも、これだけ頑張って歩いて、一枚の写真も撮れずに戻るのは悔しい。

１２０元支払って入園し、できるだけ高い場所を探した。近くにあったサービスセンターの二階のベランダから撮影し、和平島地質公園を後にした。

写真中央に見える山の上が、白米甕砲台。

②基隆駅

かつてここには大きな奉迎門が建てられた。駅の奥の山は、当時の写真にも見られる山だろう。

③基隆港桟橋（基隆駅前国門広場）

御召艇に乗られた殿下が、台湾の地に一歩を踏み出された場所。

❸

❷

発刊によせて

陳唐山（台湾安倍晋三友の会会長）

このたび、日本令和研究所が東宮行啓の記念写真集を日本で出版することに際し、台湾安倍晋三友の会を代表し、お祝いの言葉を述べさせて頂きます。

１９２３年４月、皇太子裕仁親王は摂政のお立場で12日間台湾に滞在されました。当時の人口20万人未満の台北市で10万もの人々が行啓を奉迎したことは、第８代の田健治郎総督時代における一大行事でした。

歴史資料によれば、皇太子の宿泊所となる総督官邸までの沿道は奉迎の団体や一般市民で埋め尽くされ、夜には官民による提灯行列と万歳の声が総督官邸を取り巻きました。今、百年前の歴史を振り返ると、空前の盛況だったのは想像するにかたくないです。

私は外交部長（外務大臣に相当）を務めた折、旧総督官邸である外交部本庁ビルの大規模修繕工事を行いましたが、日本統治時代に建てられた１９０１年のこの建物は百年を超えても色褪せることなく魅力に溢れていました。今でも「台北賓館」として国慶節レセプションパーティーを催すなど重要な役割を担っています。

皇太子の台南宿泊所は台南州知事官邸でした。私は外交部長になる前、台南県長（知事に相当）を務めましたので、知事官邸にいました。つまり、人生の中における私の二つの経歴は皇太子と偶然にも繋がりがあり、縁の深いものです。

一世紀前ともなる東宮行啓は、台湾史の一部ばかりでなく、台日関係には不可欠な共有の歴史です。この記念写真集の発刊により、もっと多くの台湾人に過去の歴史を記憶してもらうことを期待するとともに、この史実があまり知られていない現代の日本人にも伝える役割を果たすことでしょう。歴史の文献から新たな発見や価値づけが成されることで両国の絆は更に深くなるに違いありません。時代の移り変わりに伴い、台日間はもっと重要な関係になりつつあります。台日交流において歴史の絆は不可欠かつ重要なツールの一つです。貴研究所の歴史研究に対する崇高な使命感に心より敬意を表します。

末筆ながら、貴研究所の益々のご発展を祈念しております。

田尾憲男（日本文化興隆財団理事）

昭和天皇ご即位１００年を記念して、これまで一般にはほとんど知られていなかった皇太子時代の台湾行啓の貴重な歴史記録写真集が世に出ることになったのは、まことに喜ばしく意義深い事である。

私は、大東亜戦争敗戦50周年の平成7年に、葦津珍彦氏を中心に立ち上げた近現代史研究グループの仲間と共に『抹殺された日本人の現代史』を再刊した（原書は『日本人が虐殺された現代史』昭和48

年、新人物往来社）。米軍占領下で始まったわが国の戦後の歴史教育は、新憲法と米流民主主義を徹底するために、戦前の歴史を悪しざまに総否定することから始まったが、同書はとりわけ台湾、朝鮮への植民地政策と中国はじめアジア諸国への侵略が犯罪的だったとする戦後史観に対して、新たに公開された史料をもって重大な修正を迫るものだった。本書もその試みに連なるもので、確かな史実に基づいて戦前の日本の皇室に対する台湾の人々の心情と関係を知るうえで極めて有益といえよう。

台湾は長らく満州人の清王朝の統治下に置かれていたが、マラリアなどの伝染性熱帯病の猖獗する「瘴癘の地」として放置されていた。文明的にも、皇帝の徳と教化の及ぶことのない「化外の民」とされていたが、日本は大変な資金を投入して台湾の開発と民主の向上に努め、内地延長主義で内台一体政策を推進した。その方式は欧米帝国主義列強のごとき搾取や収奪を目的とした植民地経営とは全く異なっていた。それで台湾住民に日本の憲法や法律をどこまで及ぼすべきか、また天皇の御稜威、王化をどう及ぼしていくかなどについて、いろいろ議論された。幸いなことに、台湾には、大正12年（1923）4月に12日間の行程で、大正天皇の摂政として皇太子の裕仁親王殿下の行啓が実現した。日本の統治が始まってから28年経ての事だったが、台湾住民の歓迎ぶりは本書に見る通りである。

本書が歴史研究者や心ある多くの日本人の目にふれて、日本と台湾の人々との精神的絆がさらに一層強化されることを願ってやまない。

増永友嗣（霊友会第八支部教会事務局長）

１８９５年の台湾領有以降、総督府は現地住民や原住民らの激しい抗日運動に苦慮してきた。しかしマラリアなどの伝染病対策、インフラの整備、学校教育の普及などによって、次第に台湾に住む人々の理解を得てきたものと考えられる。日本統治から28年を経て実現した裕仁皇太子殿下の台湾行啓は、幸いにも目立った混乱はなかった。これも長年に亘る教育の成果と共に、台湾の統治に当たった人々や行啓に際して緻密な計画を立て、遂行した総督府、警察などの尽力によるところだろう。本書を繙きながら、台湾の統治や教育に携わった人々の労苦に思いを致したい。

終わりに

昭和天皇のおそばにお仕えして　潮清史（亀山神社宮司）

この度、洵に僭越ながら、昭和100年記念企画『昭和天皇と感動の台湾　写真で読む「東宮行啓」日本版』の発刊にあたり、昭和天皇や宮内庁時代の思い出を寄稿願いたいとのご依頼を受けました。発刊を心よりお慶び申し上げるとともに、本書が昭和100年の佳節にあたって昭和天皇のご事績の一端として後世まで語り継がれることは大変意義深いものであります。

わたしが三荻氏から依頼を受けた際、実は「東宮行啓」という書籍のタイトルにいささか違和感を覚えました。宮内庁では慣例的に「行幸」や「行啓」というお出ましに対する呼称は、国内に限って使用しています。少なくとも行幸啓を担当する幸啓係では、外国ご訪問の際には、皇居のご出門から空港ご到着までを指して行幸啓としていました。

しかし「そうか、昭和天皇が台湾をご訪問された皇太子時代は、台湾は我が国の一部。国内のお出ましだから行啓なのか！」と気づかされ、妙に納得したものです。

現在は鎮座1400年の亀山神社を本務社として、近隣六社の宮司を兼務しております。いずれも公共交通機関が極めて乏しいド田舎ではありますが、五感で四季の移ろいを感じられる贅沢で豊かな日々を過ごしております。

わたしの宮内庁での奉職期間は12年と決して長いものではありません。しかしその間、世間や国民にほとんど知られることのない皇室の祭祀、勤労奉仕、行幸啓、そして側近部局と特殊な部署を経験させていただきました。短い期間ではありましたが、昭和・平成・令和と三帝にお仕えできたことは、わたしにとって生涯の宝であり財産です。

昭和100年という佳節での『昭和天皇と感動の台湾』の発刊にあたって、その昭和天皇の思い出を中心にここにその一部を綴らせて頂きます。

皇御孫《すめみま》の　御座《おは》す御国《みくに》に　生まれしは
嬉しさ越ゆる　富士の高峰

私の母校は松江日本大学高校（現・立正大学淞南高等学校）です。ほぼ全寮制の学校で、起床すると洗面を済ませて点呼。その後、東方遥拝をして「天皇陛下　皇后陛下　おはようございます」と45度の最敬礼をして一日が始まる。そんな学校でした。

12月には皇居勤労奉仕がありました。奉仕後、東京で解散、冬休みに入るというものでした。勿論《もちろん》当時も昭和天皇のご会釈がありましたが、現在との大きな違いは、ご会釈のシーンを嘱託カメラマンが撮影していたことです。その写真は、最終日に「恩賜《おんし》のたばこ」と共に賜り、奉仕団やその家族にとっては末代までの宝となるものでした。

縁あって宮内庁に入庁したのは、昭和63（1988）年春のこと。皇室の祭祀を司る掌典職《しょうてんしょく》という部署でした。

採用通知を頂き上京するも、右も左も分からぬ帝都の中心部。皇居にたどり着くのも一苦労。指定された坂下門までなんとか辿り着くと、迎えの車で吹上地区に入り、賢所《かしこどころ》へ到着しました。賢所とは、通常は宮中三殿の真ん中にある、天照大神《あまてらすおおみかみ》をお祀りしている御殿やご神体である八咫鏡（形代）を指しますが、ここでいう賢所とはその構内を指しています。掌典職はここで皇室にとって最も重要な宮中祭祀を執り行うのです。

ここからの4年間は、通用門を入ってすぐ左側にある古い佇まいの「検番所」で起居しました。日常の務めを終えると、夜は渋谷の國學院大学へ通学。神職としての教養を修め、講義が終わるとまた深夜の半蔵門から入門して賢所へ戻るという生活でした。

尊貴な場所で起居し、日々のお務めをするというのは、経験すること全てが新鮮且つ畏れ多いことの連続でした。

さて、静寂な吹上の杜に秋の虫の聲が響き渡る9月18日、当時亀山神社の宮司を務めていた祖父が俄かに倒れ、「危篤」との報せを受けました。

「死は穢《けが》れ」に通じることから、賢所で訃報は受けられないという不文律があります。速やかに賢所から身を遠ざけるため、急いで身支度をして帰省の途に就きました。

実際には、瞬く間に身罷ったようで、帰宅すると既に多くの弔問者が訪れていました。翌19日夕刻に通夜祭を済ませると、「疲れが出るから」と親類には寝るよう促して、従兄弟と二人『今夜は寝ずの番をしよう』と亡き祖父の枕元の明かりを点して過ごしていました。

夜中に、ふとテレビのスイッチを入れた時でした。

昭和天皇には大量の御吐血を遊ばしたとのニュースが飛び込んできました。当時の皇太子同妃両殿下（現上皇上皇后両陛下）をはじめ皇族殿下方、宮内庁幹部が続々と皇居へお見舞いに来られるという報道を、食い入るように朝まで見ておりました。

そのまま祖父の葬儀を終えると、翌日の朝一便で慌ただしく帰京。勤務地であり起居している賢所には服喪期間の30日間は立ち入ることができない、という厳格な定めがあります。そのため庁舎での慣れない事務仕事にしか携わることができないことは分かっていましたが、それでも御不例（重体）となられた昭和天皇が病の床に就かれた皇居へとすぐさま駆け付けたい、という気持ちでいっぱいでした。この年の秋は異常気象による長雨で、稲の生育をご病床から心配され、長官をお召しになったり、最後となる仲秋の名月は女官の手鏡で、やっと愛でられたことは特に印象に残っています。

昭和天皇にはそれから111日間の御不例を経て、崩御遊ばしたのは年が明けた昭和64（1989）年1月7日の早暁のことでした。

午前5時頃だったと記憶しますが、起居していた「検番所」の戸がけたたましく叩かれ目を覚ましました。慌てて白衣白袴に着替えて詰所《つめしょ》に急行し、潔斎《けっさい》をして準備に取り掛かりました。

今度という今度はほぼ確実に行われるであろうことを覚悟しながら、「践祚《せんそ》の儀」のために用意してあった神饌《しんせん》の準備にとりかかりました。践祚とは新帝が皇位を継承されることです。つまり、それは同時に昭和天皇の崩御を意味していました。

宮内庁やマスコミでは、やがて訪れるその日のことを「Ｘｄａｙ」と称していました。実は御不例になって以降、その「Ｘｄａｙ」に備えて三度か四度、神饌が用意されていました。

昭和64年1月7日　午前6時33分　天皇陛下崩御

御不例以来１１１日の間、何度か践祚の用意をし、そのたびに覚悟するという日々を送りましたが、遂にその瞬間を迎えました。「平成」は天皇崩御という全国民の深い悲しみの中からのスタートとなりました。

ちなみに、掌典職は国家公務員ではなく、内廷職員という特殊な立場です。言い換えれば、「昭和天皇の職員」です。そのため昭和天皇の崩御に伴って「整理退職」となりました。そして翌1月8日の践祚に伴い、今度は「今上陛下（今の上皇陛下）の職員」として採用されました。旗本か御家人のような直参の自負は、その後の国家公務員の立場よりも、ある意味で強い矜持をもっていたことは偽らざる事実です。

さて、４年間の掌典職の後は、国家公務員として長官官房総務課に就きました。

最初は庶務第二係です。ここは勤労奉仕に関する事務を行います。全国から集う勤労奉仕団は、拝謁や叙勲といった国が認める功績者でも立ち入りを許されない皇居の奥深い域内まで足を踏み入れます。そんな４日間に参加者の想いは千差万別でしょうが、その経験と感動は将に皇室と国民とを結び繋ぐ紐帯《ちゅうたい》となり、皇室敬慕の念を醸成し喚起するこれ以上の機会はないものでしょう。

次に配属されたのが幸啓係でした。幸啓係は天皇皇后両陛下の行幸啓及び皇太后陛下の行啓を担当する事務です。皇居からお出ましになるもの全てが行幸啓です。国際親善のために海外へのご訪問があると御所御発から空港御着までが幸啓係の担当ですし、都内に限らず都県境を跨《また》いでの国内へのお出ましも同様です。中でも国会開会式、国賓来日に際しての歓迎行事、全国戦没者追悼式等々、我が国にとっての重要な場面に何度も携わる機会を得ました。

当時天皇陛下は植樹祭、国民体育大会、豊かな海づくり大会の「天皇の三大行幸」に加え、週末はほぼ毎週、都内での式典にご臨席されていました。平成流の「象徴としてのお務め」を意識なさりつつ、「国民に寄り添うこと」と「忘れないこと」の強いお気持ちを強くお持ちだったものと拝察します。

そんな中、平成7（1995）年1月17日に阪神淡路大震災が発生。わたしも発災当日から1週間は庁舎地下の地方職員連絡室に泊まり込みとなりました。この時、両陛下は発災から僅《わず》か2週間でのお見舞いの行幸啓でした。壊滅的な現地の状況にもかかわらず、県警の迅速なお道筋の策定や調整に敬服したことを覚えています。そして何よりも、「逸早《いちはや》く見舞いたい、自分たちの見舞いが励みになるならば」という両陛下のお気持ち、しかし「人命救助が第一で復興に妨げがあってはならない」という御慈愛をひしひしと感じました。

退官後に広島へ戻ってからも、激甚災害に指定されるような豪雨による水害で二度も広島の被災地をお見舞いくださいました。被災者がどれだけ励まされ、生きる望みを抱いて前へ進めるかを実感します。

行幸啓をはじめご公務に軽重はないとのお気持ちがおありのものと拝察しますが、主催者から行幸啓の願い出があっても、日程的に宮中の祭祀と重なればお受けできないこともありました。順徳帝が著《あらわ》された『禁秘抄』にある「凡《およ》そ禁中の作法、先《ま》ず神事、後に他事」を体現しておられるのでしょう。ご日常から皇室やご自身を顧みられる事なく『国安かれ 民安かれ』と一に国家の安寧《あんねい》と国民の幸福、世界の平和を祭祀（祈り）によって希求されていることは誠に尊く忝《かたじけ》ない極みです。

天皇のご訪問は、古くは「御幸」と称されていました。天子のお出ましがあるとその地方の人々は食帛を賜り、爵禄《しゃくろく》を与えられ、租税を免じられるなどの僥倖《ぎょうこう》を得る意から生まれた「行幸」という言の葉。人々が歓喜するのは古も今も変わらぬことを実感します。

最後の3年は、東宮職、つまり皇太子同妃両殿下（現天皇皇后両陛下）にお仕えしました。赤坂御用地内の監理を始め、皇宮警察や関係各所との連絡調整、記者会見やお写真の撮影関係もありました。東宮職へ異動して最初の大きな出来事は東宮御所の耐震改修行事でした。程なく「赤坂東邸」という御仮寓所へお引っ越しになり、両殿下には公室も私室部分も大変手狭で、極めて御不便をおかけしながらお過ごし頂きました。振り返るとむしろ和気藹々とした両殿下のお振る舞いや職員との交流が築けた一時期でもあったように思います。数々の地方行啓にも供奉させて頂きました。静養先からのご散策やハイキングにもお供しましたが、滞在中の思わぬ職員との交流など本稿には書けぬ多くの思い出が蘇ります。

12年の宮内庁勤務を終え、平成12（２０００）年に退官致しました。この12年間は、人生の中で最も多忙にして充実した華々しい期間であったことは、間違いありません。

平成から令和へ

明治以降、天皇崩御に伴う践祚であったものが、光格天皇以来の譲位による践祚という憲政史上初めてのかたちでの御代替《みよが》わりとなった令和の幕開け。

この度は哀しみを伴う中でのそれとは違い、国を挙げての奉祝ムードの中で行われたことは、今となれば歓迎すべき令和流の新たなものだったと言えるものかも知れません。

そんな中で令和元（２０１９）年10月に迎えた即位礼正殿の儀。直前までの雨が嘘のように晴れ上がり、皇居に虹がかかった光景は、天の祝福ともいうべき奇跡の演出でした。そして高御座《たかみくら》の帳《とばり》が開かれる瞬間は、さながら『天岩戸開《あまのいわとびら》き』にも映り、即位を内外に宣明されるお姿が『天壌無窮《てんじょうむきゅう》の神《しん》勅《ちょく》』を授けられる天照大御神を想起させるものでした。

また、平成度に続き大嘗祭《だいじょうさい》にも間近で携わらせて頂きました。帝都のど真ん中とはとても思えぬ浄闇《じょうあん》と静寂《せいじゃく》に包まれ、楽師《がくし》の奏でる神楽歌《かぐらうた》と庭燎《にわび》の薪がパチンパチンと弾ける音とが共鳴する厳かな雰囲気です。その中を神饌行立《しんせんぎょうりゅう》の列に加わりながら、天照大御神が高天原《たかまがはら》で神まつりをされる御姿と、新帝陛下が豊葦原《とよあしはら》の瑞穂《みずほ》の国の斎田《さいでん》の米や粟、海川山野の神饌を御親供になるお姿とを重ね合わせながら奉仕申し上げておりました。

およそ9時間にも及んだ大嘗宮《だいじょうきゅう》の儀《ぎ》は、大御神から授かった稲穂が豊かに穣り、今年も国民に行き渡りましたとの御奉告と、五穀豊穣《ごこくほうじょう》ひいては産業全般への感謝、そして国家国民の安寧を只管《ひたすら》に御祈念遊ばす陛下。大嘗宮内陣の御幌《おとばり》越しに拝したそのお姿は、只々神聖にして尊く畏《かしこ》き極みにして、三種の神器とともに皇祖皇宗《こうそこうそう》を経て継承される万世一系の皇御孫《すめみま》の尊く重いご本務を拝した心地でした。

連綿と続く皇位。その悠久《ゆうきゅう》の歴史の中で二度の大嘗祭と、三帝にお仕えできたことは、何ものにも代え難い至宝の経験であり人生でした。この皇恩《こうおん》に報いるためにも、皇統の護持と正しい皇室のお姿をこの生ある限り伝えて参りたいと思います。

東宮行啓と台湾への熱伝達　加賀美誠（翻訳監修）

『東宮行啓』を読み、この一大行事に関わった多くの人々に想いを馳せ、心が奥底からじんわりと熱くなった。1923（大正12）年、当時皇太子であった昭和天皇は台湾を行啓された。『東宮行啓』はその記録であり、日記であり、そして台湾の人々との交流記でもある。東宮殿下が台湾の様々な人々と交流した「証」として、写真がその状況をリアルに映し出す。あの日、あの時、東宮殿下と共に同じ時間を過ごした人々の息遣いまで聞こえてくる素晴らしい記録である。

行啓で発生した「熱」は、台湾にとって最初は1本のろうそくのような僅かな「熱」だったかもしれないが、東宮殿下の各地訪問という「熱伝達」によって島全体を覆う強い「熱」になったのである。

東宮殿下は多忙極まる中、北から南まで多くの時間を学校訪問に費やし感動と喜びの「熱」を生み出した。また、殿下は台湾に住む華人や原住民に対しても心を配り、台湾発展に貢献した人物を分け隔てなく顕彰《けんしょう》した。一方、東宮殿下のお心配りに応えるように、台湾の人々も殿下に台湾を理解してもらおうと伝統的な舞踊や演奏、地元有名シェフの昼食会など、心をこめた奉迎を行う最高の準備をしている。

台湾版写真集の全ての写真を載せることができないのは非常に残念ではあるが、三荻氏のセレクトした写真を見るだけでも、殿下の移動とともに「皇室の大切さ」が「熱伝達」していく様がしっかり伝わる内容になっている。

貴重な当時の写真を、私財を投げ打ち保存した郭双富氏と台湾版発行に携わった王佐榮氏、そして日本での本書発行に協力いただいた方々。「想い」によって繋がった流れは、東宮行啓と同様、台湾と日本の「熱伝達」のリレーによって完成した、当時を再現した写真集だと言えるのではないだろうか。

本書は、東宮殿下の行啓による「熱伝達」が台湾を北から南に移動して大きな「熱」を生み出したように、「時」を移動して現代の我々にも「熱」を生み出す「熱伝達」の力を今なお感じさせるのである。

本書発行に携わった全ての人々、そして当時台湾建設のために尽力した関係者と市井の人々を含む全ての台湾の人々に感謝し、これからも台湾と日本の絆が深まることを心から祈念している。

奇跡によって誕生した本　江崎道朗（監修／麗澤大学特任教授）

この本は幾つかの奇跡のおかげで誕生した。

１９２３（大正12）年、昭和天皇は皇太子時代に台湾を訪問された。台湾では、現地の人たちが大歓迎をしてくれ、膨大な記録が残された。ところが日本の敗戦と台湾総督府の解体、つまり日本からの分離と中国国民党による統治の始まりという政治体制の急激な変化のなかで、その膨大な記録は散失してしまった。

にもかかわらず、郭双富という一人の台湾の方が戦後、私財を投じて当時の写真を買い集め、その記録を収集してくれた。しかもその収集した写真を写真集として出そうと考えた、王佐榮という台湾の方がいた。かくして皇太子時代の昭和天皇が台湾を訪問した際の写真集『東宮行啓——1923年裕仁皇太子訪臺記念寫真帖』が2019年に台湾で発刊された。これは一つの奇跡であった。

この貴重な本を、一人の日本の青年が台北の書店で見つけて購入した。現在の日本人、それも若い人で「東宮」が皇太子殿下のことを指すことを知っている人はそれほど多くない。だが、その日本の青年は、台湾との関係を重んじ、かつ皇室のことを尊敬していたので表紙に「東宮」という文字があっただけで、すぐに皇室の本だということが分かったのだ。

帰国したその青年はたまたま、『天皇陛下がわが町に——平成日本に生まれた物語』（2009年、明成社）などを執筆している三荻祥さんにそれを見せた。これがさらなる奇跡を生んだ。

三人のお子さんを育てながら、一般社団法人日本令和研究所の理事長として皇室制度の研究などに取り組んでいる三荻さんはなんとこの写真集を日本でも発刊したいと考えたのだ。普通の人なら「台湾でこんな写真集が出ているんですよ」というだけで、日本語版を出そうなどとは考えない。だが三荻さんは違った。出版社のめどがあったわけではないし、何より翻訳などにはかなりの経費がかかる。資金のめどがあったわけでもない。だが、昭和天皇の台湾ご訪問という「すっかり忘れ去られてしまった歴史」をなんとしても日本人に知ってもらいたいと考えたのだ。

念ずれば花開くではないが、なんとその志に共鳴する篤志家《とくしか》が現れた。取材費や翻訳料などのめどが立ったこともあって三荻さんは友人たちと共に幾度となく台湾を訪問し、郭双富さんや王佐榮さんと会って日本語版の構想を練ると共に、100年前に昭和天皇が訪問されたところがいま、どうなっているのか、確認するための現地取材を始めた。私も一度だけ、一緒に台湾を訪問して現地取材に付き合ったが、土地勘のない異国の地でスマホを片手に目的の場所を探り当てるその執念には本当に頭が下がった。

このように数回にわたる現地取材を経て出来上がった原稿は拙《つたな》いところもあるが、当時の事情をよく調べ、かつ皇室に対する独特の用語も正確に理解したうえで、現在の若い人たちにも読みやすいようにできるだけ平易な文体で書かれている。

日本の敗戦後も、日本とのつながりを昭和天皇の台湾ご訪問を通じて見出そうとした台湾の方々と、皇室を尊崇する立場から台湾とのつながりを求めた日本の青年たちの協力によって生まれたこの本が昭和100年という記念すべき年に発刊されたことを何よりも喜び、監修の言葉としたい。

三荻祥（みつおぎ・さき）

一般社団法人日本令和研究所理事長。ジャーナリスト。長崎大学を卒業後、出版社に勤務。上皇上皇后両陛下、天皇皇后両陛下の行幸啓地への取材のほか、憲法・皇室・沖縄・近現代史に関する取材と研究に取り組み、産経新聞の月刊誌『正論』などに多数寄稿している。また神道政治連盟首席政策委員・田尾憲男氏のもとで戦後の皇室制度・皇室法についての研究を行い、令和４年、皇室制度について研究する一般社団法人日本令和研究所を創設、理事長に就任した。『新・皇室入門』（フジテレビ）出演。編著に『天皇陛下がわが町に』『沖縄戦跡・慰霊碑を巡る』（ともに明成社）など。

昭和天皇と感動の台湾

写真で読む「東宮行啓」日本版

令和７年４月29日　第１刷発行

編 著 者　三荻祥　郭双富　王佐榮
発 行 者　赤堀正卓
発 行 所　株式会社産経新聞出版
〒100-8077 東京都千代田区大手町1-7-2 産経新聞社８階
電話　03-3242-9930　FAX　03-3243-0573
発　　売　日本工業新聞社　電話　03-3243-0571（書籍営業）
印刷・製本　株式会社シナノ

ISBN 978-4-8191-1454-7